**플래그풋볼
마스터 클래스**

FlagFootball Masterclass

플래그풋볼
마스터 클래스

저자 **박재식**

뛰고
던지고
웃자!

Think & Do!

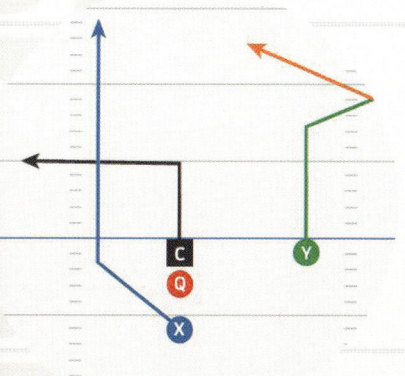

바른북스

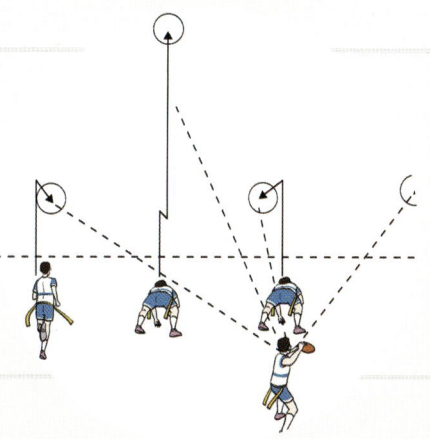

머리말

플래그풋볼은 빠른 경기 전개와 전략적 사고, 그리고 팀워크를 기반으로 한 종목으로, 신체적 접촉이 적어 안전하면서도 미식축구의 역동성과 전술적인 재미를 고스란히 느낄 수 있는 스포츠이다. 특히, 플래그풋볼은 2028년 로스앤젤레스 올림픽에서 정식 종목으로 채택되면서 세계 스포츠 무대에서 새로운 도약의 전기를 마련하였다. 이에 발맞춰 체계적인 교육 시스템과 우수한 지도자 양성, 선수 육성의 필요성이 더욱 절실해지고 있다.

이에 본 책자는 플래그풋볼의 기초 이론부터 고급 전략에 이르기까지 단계적으로 내용을 구성하였으며, 실제 현장에서 선수와 지도자들이 효과적으로 활용할 수 있도록 하였다. 경기의 기본 기술과 규칙, 심판법, 훈련 방법은 물론, 국제 대회를 대비한 전략적 요소까지 포함으로써, 향후 플래그풋볼의 발전과 국제 경쟁력 확보에 실질적인 도움이 되기를 기대한다.

저자는 지난 30년간 플래그풋볼의 도입과 보급을 위해 힘써왔으며, 다양한 국제 대회의 유치와 참가를 통해 종목의 성장 과정을 직접 경험해 왔다.

아울러 국제 심판으로 활동하면서 쌓은 폭넓은 시야와 전문성은, 보다 체계적이고 실용적인 교육 자료의 필요성을 절감하게 된 계기가 되었다.

본 교재는 이러한 현장 경험과 전문 지식을 토대로, 플래그풋볼을 처음 접하는 입문자부터 이를 체계적으로 지도하고자 하는 교육자와 지도자에 이르기까지 모두에게 실질적인 도움이 되고자 하는 마음으로 집필하였다.

본 교재를 통해 플래그풋볼이 국내외에서 더욱 활발히 보급되고 발전하는데 이바지할 수 있기를 간절히 바라며, 이 책이 나오기까지 아낌없는 도움과 성원을 보내주신 모든 분께 깊이 감사의 말씀을 드립니다.

감사합니다.

2025년
저자 박재식

추천사 1

플래그풋볼의 저변 확대로 미식축구의 또 다른 도약을 도모한다.

플래그풋볼은 전략적 사고, 협동, 신체활동이 조화를 이루는 스포츠다.
신체 접촉이 없어 남녀노소 누구나 안전하게 즐길 수 있는 점에서 교육적 가치가 높다. 특히 생활체육, 학교 체육 수업과 스포츠클럽 활동을 통해 건강한 스포츠 문화를 조성하는 데 적합한 종목이다.
대한미식축구협회가 1999년 플래그풋볼을 국내에 공식 도입한 이래 그 보급과 발전을 위해 지속적인 노력을 이어오고 있다. 그리고 저자인 박재식 선생님은 언제나 대한미식축구협회와 플래그풋볼과 함께 현장을 지켜 오셨다.
오랜 시간 협회와 함께하며 지도자, 교육자로서 플래그풋볼의 정착과 저변 확대에 노력해 온 박재식 선생님은 플래그풋볼의 진정한 가치를 알고 있는 전문가이다.
이번에 출간된 박재식 저자의 "플래그풋볼 마스터 클래스"는 오랜 경험과 현장의 고민이 고스란히 담긴 결과물이다. 플래그풋볼의 기초 이론, 기술 지도법, 수업 운영 전략까지 아우르는 이 교재의 출간을 진심으로 축하합니다.
대한미식축구협회는 2025년 올해 80년의 역사를 맞이한다. 그 오랜 역사 위에 플래그풋볼이라는 새로운 성장 동력이 더해져 우리는 또 다른 도약을 하고 있다.
대한미식축구협회는 이 교재가 플래그풋볼의 대중화는 물론, 협회의 미래를 여는 중요한 이정표가 되리라 믿으며, 전국의 체육 교사와 지도자, 심판 등 관계자 여러분께 추천해 드립니다.

2025년 5월 7일
대한미식축구협회장 유호정

추천사 2

플래그풋볼은 최근 전 세계적으로 주목받고 있는 스포츠로, 신체적 접촉을 최소화하면서도 미식축구의 전략 특성과 팀워크를 고스란히 담아내고 있다는 점에서 교육적 가치와 스포츠 문화적 의의가 매우 크다.

특히 2028년 로스앤젤레스 올림픽 정식 종목으로 채택되며, 그 위상은 이제 세계적 수준으로 도약하고 있다.

이러한 변화의 흐름 속에서 "플래그풋볼 마스터 클래스"의 발간은 시의적절할 뿐 아니라, 국내 스포츠 현장에 매우 중요한 이정표가 될 것으로 기대한다.

플래그풋볼의 기본 개념과 규칙에서부터 기술, 전술, 심판 방법에 이르기까지 전반적인 내용을 체계적으로 아우르고 있으며, 교육 현장에서 곧바로 활용할 수 있을 정도로 실용성과 완성도를 갖추고 있다.

본 종목에 대한 깊은 애정과 각종 국제 대회와 지도자로서의 경험을 바탕으로, 국내 교육 환경에 실질적으로 이바지할 수 있는 내용을 정성껏 담아내었으며, 이는 곧 플래그풋볼의 기초를 다지고 미래를 준비하는 데 있어 소중한 자산이 될 것이다.

대한미식축구협회 회장과 국제미식축구연맹(IFAF) 집행위원으로 활동해 온 경험을 바탕으로, 교재가 한국 플래그풋볼의 확산과 수준 제고에 크게 이바지할 것임을 확신하며, 이 자리를 빌려 적극 추천하는 바입니다.

2025년 5월 7일
박경규
전) 대한미식축구협회 회장. 국제미식축구연맹(IFAF) 집행위원

차 례

머리말 ··· 4
추천사 1 ··· 5
추천사 2 ··· 6

제 1 장　플래그풋볼 개요 —————————————— 11

1. 플래그풋볼 개요 ·· 12
2. 플래그풋볼 경기 기본 규칙 ··· 15
3. 전술 및 포메이션 ··· 17
4. 주요 용어 ··· 19
5. 경기장 규격 및 장비 ·· 23
6. 주요 반칙 및 페널티 규정 ··· 28

제 2 장　플래그풋볼 기본 기술 —————————————— 33

1. 그립의 핵심 원리 ··· 34
2. 기본적인 공 던지는 자세(Throwing Mechanics) ············· 35
3. 핸드오프 훈련 방법(Drills for Better Hand-Offs) ··········· 39
4. 플래그풋볼 센터 스냅 방법 ··· 42
5. 플래그풋볼 러닝백(RB) 달리는 자세 ······························· 46
6. 플래그풋볼 공 캐치 기본 방법 ·· 50
7. 플래그 떼기 기술(Flag Pulling Techniques) ···················· 52
8. 플래그풋볼 스크리미지 라인(Line of Scrimmage) ·········· 57
9. 플래그풋볼 허들(Huddle) ··· 60
10. 공격 개시 방법 ·· 65

제 3 장 간이게임 및 연습 방법 ——————————————— 67

1. 플래그풋볼 연습 방법 ·· 68
2. 패스 패턴 연습법 ··· 73
3. 플래그풋볼 간이게임 및 패스 경로 활용 ······················· 79

제 4 장 디펜스 전략 요소 ———————————————————— 81

1. 디펜스 전략 ·· 82
2. 수비 포메이션(Formation) ····································· 90

제 5 장 플래그풋볼 루트 분석 ——————————————————— 101

1. 플래그풋볼 루트 개념 ··· 102
2. 패스 트리(Pass Tree) ··· 104
3. 주요 패스 경로 ··· 106
4. 러닝 루트 분석 ··· 120

제 6 장 작전 패턴 분석 및 전략 ————————————————— 133

1. 러닝백이 있는 표준 포메이션 ·································· 134
2. 러닝백이 없는 표준 포메이션 ·································· 136
3. 작전 패턴 분석 ··· 138

제 7 장 플래그풋볼 경기 방법 — 159

1. 플래그풋볼 Think & Do ·· 160
2. 플래그풋볼(Flag Football) 경기 방법 ·························· 161
3. 플래그풋볼 5대5 경기 중계방송 형식 시나리오 ············· 166

제 8 장 심판법 및 규칙 — 173

1. 심판구성 및 역할 ·· 174
2. 플래그풋볼 반칙 및 페널티 정리 ······························· 180
3. 플래그풋볼 심판 시그널 번호 ··································· 183
4. 심판 판정 및 절차 ··· 185

- 플래그풋볼의 역사 ··· 224
- 참고 자료 ··· 229

1

플래그풋볼 개요

1 플래그풋볼 개요

플래그풋볼이란?

플래그풋볼은 미식축구(American Football)에서 파생된 스포츠로, 격렬한 신체 접촉 태클을 없앤 형태의 풋볼 경기이다.

기본적인 경기 방식과 점수 체계는 미식축구와 비슷하지만, 선수들이 허리에 부착한 플래그(flag)를 잡아당겨 공격을 종료시키는 것이 가장 큰 특징이다.

태클로 상대를 넘어뜨리는 대신 플래그를 떼어냄으로 부상 위험이 적고 남녀노소 누구나 안전하게 즐길 수 있는 팀 스포츠다.

플래그풋볼은 미식축구의 진입 장벽을 낮추기 위해 고안되었는데, 현재 학교 체육이나 동호회 등에서 활발히 이루어지고 있다.

태클 풋볼과 플래그풋볼은 많은 공통점을 가지지만 몇 가지 중요한 차이점이 있다. 아래 표는 미식축구와 플래그풋볼의 주요 차이를 비교한 것이다.

항목	미식축구	플래그풋볼
팀 구성 인원	11명 (공격/수비 각 11명 필드 출전)	5명 (공격/수비 각 5명 필드 출전)
경기 시간	15분 4쿼터 (전반 2쿼터+후반 2쿼터) 하프타임 12분 내외	전반 20분+후반 20분 하프타임 2분
경기장 크기	120야드 길이 (필드100야드+양 엔드존 각 10야드) 폭 53야드 (약 48m)	70야드 길이 (필드 50야드+양 엔드존 각 10야드) 폭 25야드 (약 23m)
플레이 종료	태클하여 공을 가진 선수를 넘어뜨림	공을 가진 선수의 플래그를 잡아채서 공격을 저지한다.
킥(kick) 플레이	있음 킥오프, 펀트, 필드골, 트라이 포인트 등 수행	없음 킥 대신 정해진 5, 10야드 지점에서 공격 시작

미식축구(Football)　　　　　　　플래그풋볼(FlagFootball)

이처럼 플래그풋볼은 신체 접촉을 최소화하고 경기 인원과 필드 크기를 축소하여 안전하고 간단하게 즐길 수 있도록 변형된 일종의 미식축구 스포츠 경기이다.

플래그풋볼의 장점

안전성

태클이나 격렬한 몸싸움이 없으므로 부상의 위험이 적고, 보호 장비 없이도 즐길 수 있어 남녀노소 부담 없이 참여할 수 있다.

접근성

팀 구성 인원이 적고 특별한 시설 없이도 운동장이나 공터에서 플래그와 공만 있으면 플레이할 수 있다. 미식축구에 비해 규칙이 단순하고 진입 장벽이 낮아 초보자도 쉽게 배울 수 있다.

운동 효과

전력 질주, 방향 전환, 공 던지기와 받기 등의 동작을 통해 순발력과 민첩성, 협응력을 기를 수 있으며, 또한 팀 스포츠이므로 협동심과 의사소통 능력 향상에도 도움이 된다.

포용성

남녀가 함께 팀을 이루어 경기할 수 있고, 다양한 연령층이 함께 즐길 수 있다.
신체 조건과 큰 관계없이 참여할 수 있어 생활체육으로도 적합하다.

플래그풋볼의 매력

플래그풋볼은 전략적인 재미와 박진감 있는 경기 전개로 매력이 있다.
공격팀은 다양한 패스와 창의적인 전략으로 득점을 노릴 수 있고, 수비팀은 민첩한 움직임과 팀워크로 상대의 플래그를 노리는 긴장감 넘치는 수비를 펼치고, 비교적 득점 기회가 많이 발생하여 경기 내내 역동적이고 흥미진진하다.
또한 태클이 없지만 플래그를 뺏는 특유의 손맛과 순간적인 판단력이 요구되어 색다른 재미를 준다.
팀원들과 함께 작전을 구상하고 호흡을 맞추는 과정 자체가 즐겁고, 남녀 혼성팀도 운영될 정도로 사회적 교류와 재미를 동시에 느낄 수 있는 경기다.

플래그풋볼의 가치

플래그풋볼은 단순한 스포츠를 넘어 여러 가지 교육적 · 사회적 가치를 지니고 있다.
첫째, 페어플레이 정신과 스포츠맨십을 기르기에 좋으며, 과도한 신체 접촉이 없지만 규칙 준수와 존중이 중요하여 건전한 경기 문화와 예절을 배우게 된다.
둘째, 팀원 간 협동과 의사소통으로, 공격과 수비에서 역할을 분담하고 작전을 공유하면서 팀워크의 중요성을 깨닫게 된다.
셋째, 새로운 스포츠로서 다양성과 포용력을 보여주며, 기존 스포츠에 부담을 느끼던 사람들이나 다양한 배경의 사람들이 함께 즐기며 공동체 의식을 형성할 수 있다.

2 플래그풋볼 경기 기본 규칙

경기 방식 및 규정

플래그풋볼의 경기는 기본적으로 공격(offense)과 수비(defense) 두 팀으로 나뉘어 진행된다.
한 팀이 공격을 수행하면 상대 팀이 수비를 하며, 턴오버가 발생하면 공격권이 바뀐다.
경기 인원은 한 팀당 5명이 필드에 나와 뛰는 것이 일반적이며, 교대 선수 몇 명을 두어 수시로 교체할 수 있다.
플래그풋볼에서는 다운(Down) 제도를 통해 공격 기회가 주어진다.
공격팀은 4번의 다운 안에 전진하여 하프라인을 넘어야 한다.
4번의 공격 시도 안에 하프라인을 넘으면 다시 새로운 4번의 다운이 주어지며, 이번에는 엔드존(득점 구역)까지 전진하여 터치다운(Touchdown)을 노린다.
만약 정해진 다운 안에 목표 지점을 넘지 못하면 공격권이 상대에게 넘어간다.
다운제 운영 방식은 미식축구와 비슷하나, 킥오프나 펀트 같은 킥 플레이 없이 정해진 지점에서 바로 스냅으로 공격을 시작한다.
공격 플레이는 스냅(snap)으로 시작하여 패스 또는 러닝 플레이로 전개되며, 수비는 플래그를 뽑아 공격자의 전진을 저지하면 한다운의 플레이가 종료된다.
공이 지면에 떨어지면(Incomplete pass 또는 fumble) 플레이는 데드(dead)로 간주하여 해당 다운은 끝나고 다음 다운으로 진행된다.

공격과 수비 역할

공격의 목표는 상대 엔드존에 공을 갖고 터치다운을 기록하여 득점하는 것이다.
이를 위해 러닝 플레이(달리기)와 패싱 플레이(던지기)를 적절히 활용한다.
쿼터백은 스냅 된 공을 받아 패스, 핸드오프(hand-off) 등의 방법으로 공격을 전개하고, 다른 공격수들은 러닝 경로를 뛰거나 패스 경로(route)를 달려 공간을 만들고 공을 받는다.
수비의 목표는 신속하게 공 가진 공격수의 플래그를 제거하여 더 이상의 전진을 막고 다운을 소모하게 하는 것이다.
수비는 각자 공격수를 1대1로 마크하거나 지역 수비(zone)를 하면서 패스 경로를 차단한다.
상황에 따라 수비팀은 블리츠(blitz)라고 불리는 쿼터백 압박을 시도하기도 하는데, 플래그풋볼에서는 블리츠(blitz)가 일정 거리 뒤에서 출발해야 하는 등 제한이 있다.
결국 공격은 공간 창출과 패스 성공, 수비는 공간 최소화와 신속한 플래그 제거라는 임무를 수행하며 경기의 흐름을 만들어간다.

점수 계산 및 승리 조건

플래그풋볼의 점수 체계는 미식축구와 유사하게 구성된다.
터치다운(TD)에 성공하면 6점을 획득하며, 터치다운 이후에는 추가로 트라이 포인트(Try Point) 기회를 주는데, 일반적으로 1점 패스 또는 2점 패스, 러닝을 시도한다.
엔드존으로부터 5야드 지점에서 한 번의 공격으로 터치다운을 다시 시도하여 성공 시 1점을 추가로 받고, 10야드 지점에서 시도하여 성공하면 2점을 얻는 식이다.
플래그풋볼에서는 필드골(field goal) 킥이 없으므로 터치다운과 트라이 포인트로만 점수가 발생한다. 이밖에 수비팀이 공격팀의 엔드존에서 플래그를 제거하거나 공격자를 엔드존 안에서 데드 시키는 세이프티(Safety)의 경우 수비팀에게 2점이 주어진다.
경기 종료 시 더 많은 득점을 획득한 팀이 승리하며, 정규 시간에 동점일 경우 연장전(overtime)을 시행하여 승부를 가린다.
연장전에서는 양 팀이 번갈아 가며 공격을 시도하는 방식 등이 활용된다.

③ 전술 및 포메이션

공격 및 수비 전략

플래그풋볼은 신체 접촉이 제한적이므로 전략과 팀워크가 승부를 가르는 핵심 요소다. 공격 전략의 경우, 패싱 게임을 중심으로 전개된다.
쿼터백은 빠르게 공을 패스하며, 짧은 패스를 연달아 성공시켜 차근차근 전진하거나, 수비 뒷공간을 노리는 긴 패스로 한 번에 득점을 노릴 수도 있다. 러닝 플레이도 활용되지만, 태클이 없고 필드가 좁아 러닝보다 패스 위주로 전술이 주로 이루어진다.
공격팀은 다양한 패스 패턴과 포메이션을 사용해 수비의 허점을 공략한다.
또한 다운 횟수가 제한적이므로 4번째 다운에는 확실한 전진을 위해 위험 부담이 적은 플레이를 선택하는 전략적 판단도 중요하다.
수비 전략으로는 대인(man-to-man) 방어와 지역 방어(zone) 전략이 모두 활용된다. 대인 방어에서는 수비수 각자가 한 명의 공격수를 전담 마크하여 패스를 차단하고 즉시 플래그 제거 준비를 한다. 지역 방어에서는 필드를 몇 구역으로 나누어 수비수들이 자신의 구역으로 들어오는 공격수를 맡아 커버한다.
지역 수비는 공격팀의 패스 패턴 변화에 유연하게 대응할 수 있고, 대인 방어는 개개인 수비수의 기량이 좋을 때 효과적이다.
상황에 따라 수비팀은 블리츠(blitz)를 통해 쿼터백에 빠르게 접근함으로써 패스 타이밍을 뺏는다. 다만, 플래그풋볼에서는 무제한 블리츠(blitz)를 허용하지 않고, 블리츠(blitz)를 할 경우 시작 위치나 인원(2명)의 제한을 두어 공격팀에도 패스할 여유를 준다.
수비 전략의 궁극적인 목표는 공격팀의 실책 유도와 다운 소모이며, 이를 위해 수비진 사이의 의사소통과 대형 변화가 중요하다.

포지션별 역할

플래그풋볼의 포지션은 미식축구와 유사하지만, 라인맨(Lineman)이 없고 비교적 단순하다. 수비팀 포지션과 공격팀 포지션별 대표 역할은 다음과 같다.

수비팀 포지션

포지션	역할 및 임무
블리츠 (blitz)	스냅과 동시에 직선으로 돌파하여 쿼터백의 플래그를 노리는 수비수. 정해진 거리에서 출발해야 한다. (예 : 스크리미지라인에서 7야드 뒤) 빠른 속도로 쿼터백에 압박을 가해 패스 시간을 줄이는 역할을 한다.
디펜시브 백 (DB)	패스 수비를 담당하는 수비진의 총칭이다. 보통 4명의 수비수가 모두 디펜시브 백 임무를 수행한다. 그 중의 코너백(CB)은 주로 측면의 리시버를 1대1로 마크하고, 세이프티(Safety)는 후방에서 마지막 수비수 역할을 하며 공간을 커버한다. 이들은 패스 인터피어런스 없이 공격수를 밀착 마크하고, 공이 넘어오면 재빨리 플래그를 뗀다. 수비 상황에 따라 지역이나 대인 방어로 배치된다.

공격팀 포지션

포지션(약어)	역할 및 임무
쿼터백 (QB)	팀의 공격 조율자. 센터로부터 스냅을 받아 패스를 주로 시도하며, 때로는 러닝이나 핸드오프를 통해 플레이를 만든다. 공격 전술을 지시하고 공격의 시작을 책임진다.
센터 (C)	스냅을 통해 쿼터백에 공을 전달하는 선수 스냅 후에는 짧은 패스 옵션으로 참여하거나 간단한 유도 동작 신체 접촉 없이 길목만 가로막는 정도로 수비의 러시 경로를 지연한다.
러닝백 (RB)	쿼터백으로부터 핸드오프 받아 러닝 플레이를 전개하는 역할 러싱 외에도 패스에서는 백 필드에서 패스를 받거나 짧은 패스 옵션이 되어 전진한다.

와이드리시버 (WR)		패스의 주 공격수 스냅 후 정해진 패턴으로 달려 나가 쿼터백의 패스를 받는 역할을 한다. 필드 곳곳을 파고드는 경로를 통해 수비수를 따돌리고 패스 성공 후 달리기로 많은 야드를 획득한다. 팀에 여러 명의 리시버가 있으며, 각기 다른 패턴으로 수비를 교란한다.

주요 용어

플래그풋볼을 이해하는 데 필요한 핵심 용어들을 정리하면 다음과 같다.
경기 진행 전반에 쓰이는 기본 용어와 공격·수비 상황별 용어로 구분하여 살펴볼 것이다.

기본 경기 용어

다운(Down)

공격팀이 한 번의 공격 시도를 수행하는 단위를 말한다.
일정 거리 전진에 실패하면 다운을 소진하며, 네 번의 다운 안에 목표 지점을 넘어야 새로운 다운 획득이 가능하다.

스크리미지 라인(Line of Scrimmage)

플레이가 시작되는 가상의 선으로, 골라인과 수평을 이룬다.
스냅 위치를 기준으로 공격팀과 수비팀은 스크리미지 라인을 경계로 마주 보고 서며, 스냅 전에 이 선을 넘으면 반칙이다.

엔드존(End Zone)

필드 양 끝에 있는 득점 구역이다.
공격팀 선수가 공을 가지고 엔드존에 진입하면 터치다운이 된다.
폭은 10야드의 구간으로 설정되며, 수비팀은 이 구역을 사수해야 한다.

터치다운(Touchdown)

엔드존으로 공을 가지고 들어가거나 공을 받은 채 들어가거나, 또는 엔드존에서 패스를 받으면 6점을 득점하는 행위이다.
미식축구와 같이 가장 큰 득점 수단이며, 이후 추가 득점 시도를 한다.

인터셉션(Interception)

수비팀 선수가 공격팀의 패스를 가로채는 행위다.
인터셉션에 성공하면 즉시 공격권이 바뀌며, 가로챈 수비수는 턴오버가 일어나기 전까지 상대 골라인까지 달려서 터치다운을 시도할 수 있다.

펌블(Fumble)

공을 갖고 달리던 중 공을 놓쳐버리는 상황을 말한다.
플래그풋볼에서는 펌블이 발생하면 볼은 데드가 되며, 펌블한 지점에서 다음 다운이 시작된다.

아웃 오브 바운즈(Out of Bounds)

공이나 선수가 필드 경계선을 벗어나는 경우이다.
공을 가진 선수가 사이드라인 밖으로 나가면 플레이가 종료되고, 나간 지점에서 다음 플레이가 시작된다.

공격 관련 용어

스냅(Snap)

공격의 시작 동작으로, 센터가 공을 전달하여 쿼터백에게 건네주는 동작이다. 스냅이 된 순간부터 한다운의 플레이가 시작된다.

패스(Pass)

쿼터백이 공을 앞으로 던져 공격을 전진시키는 플레이다.
전방 패스는 한다운에 한 번만 가능하며, 이후의 전진 패스는 금지된다.
패스가 완료되면 받은 지점부터 추가 전진이 가능하며, 불완전 패스(incomplete) 시에는 다음 다운을 같은 지점에서 진행한다.

러닝/러시(Running/Rush)

쿼터백이나 러닝백 등 공을 가진 공격수가 달리기로 전진하는 행위다.
플래그풋볼에서는 러닝 플레이도 가능하지만, 노 러닝 존(No-running zone) 제약이 있어 일정 지점(골라인 5야드 안)에서는 러닝이 제한되며, 노 러닝 존에서 시작되는 플레이는 패스만 가능하다.

플래그 가드(Flag Guard)

공을 가진 공격수가 자신의 플래그를 손이나 팔 등으로 가리거나 방어하는 행위다. 이는 반칙으로 간주하여 페널티가 부과된다. 달리는 도중 손으로 자신의 플래그를 쥐고 떼지 못하게 하거나 수비수를 밀치는 행위 등

허들(Huddle)

공격팀이 다음 플레이 전략을 논의하기 위해 짧게 모이는 작전 타임을 말하며, 각다운 전 제한된 시간 내에 허들에서 플레이콜을 결정하고 라인에 서야 한다.

수비 관련 용어

플래그 태그(Flag Tag)

수비수가 공격수의 플래그를 제거하는 것을 의미한다.
올바르게 플래그를 제거했을 경우 심판이 휘슬을 불며 그 지점에서 플레이가 종료된다.
플래그 제거는 플래그풋볼 수비의 핵심 동작이다.

블리츠(blitz)

수비 측에서 쿼터백에 압박을 가하기 위해 빠르게 돌진하는 행위다.
블리츠(blitz)가 이 임무를 수행하며, 효과적인 패스 블리츠(blitz)는 쿼터백의 패스 타이밍을 흐트러뜨리고 실수를 유발한다.

패스 인터피어런스(Pass Interference)

패스가 진행되는 동안 수비수가 규칙에 어긋나는 신체 접촉으로 리시버의 패스 캐치를 방해하는 행위다.
플래그풋볼에서도 반칙으로 엄격히 금지되며, 고의적이거나 이득을 얻었을 때 페널티 야드 및 자동 퍼스트다운 갱신 등의 페널티를 준다.

맨투맨/존 디펜스

맨투맨(man-to-man)은 수비수가 각자 특정 공격수를 전담 마크하는 방식.
존(zone) 수비는 각 수비수가 구역을 맡아 그 구역에 들어온 공격수를 마크하는 방식이다. 상황에 따라 수비 전술을 혼합하여 사용한다.

5 경기장 규격 및 장비

공식 경기장 크기 플래그풋볼의 필드는 미식축구 필드를 축소한 크기로 사용된다. 공식 규격은 대회나 나이에 따라 약간 차이가 있지만, 5인제 플래그풋볼의 경우 일반적으로 다음과 같다.

경기장

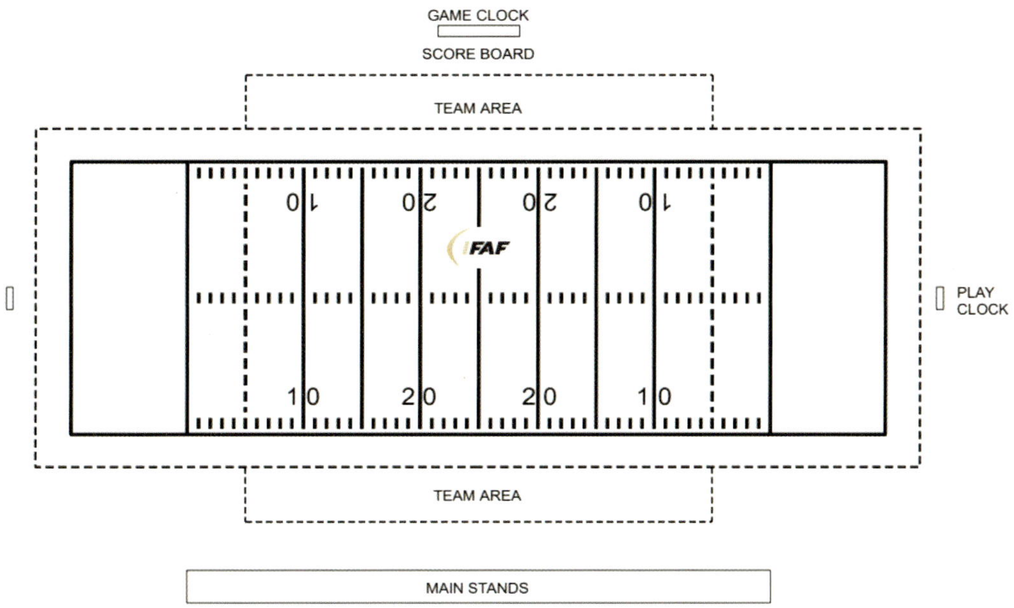

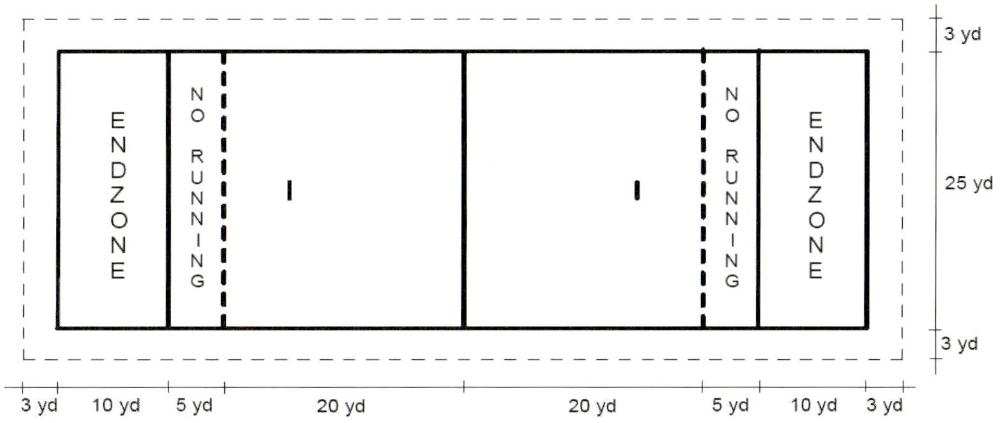

길이
골라인 간 거리 약 50야드(45.72m) 정도를 사용한다. 여기에 각 엔드존(득점 구역) 10야드(9.15m)씩을 추가하여 전체 길이는 약 70야드(64.05m) 직사각형 필드가 된다.

폭
사이드라인 간 폭은 약 25~30야드(22.8m~27.4m) 정도로 설정된다. 공식 경기에서는 30야드(27.4m)에 가깝게 사용된다. 연령대나 공간에 따라 5야드 정도 축소하기도 한다.

구역 표식
필드 중앙에는 공격권이 바뀌는 하프라인이 점선 등으로 표시되고, 엔드존 앞 노 러닝 존 골라인에서 5야드 앞 등이 마크될 수 있다. 필드의 네 모서리에는 파일론(pylon)이라 불리는 작은 콘이 놓여 엔드존의 코너를 표시한다.

이러한 규격은 국제 플래그풋볼 연맹이나 국내 플래그풋볼 협회의 규칙에 따르며, 경기장의 크기가 작아진 만큼 선수들의 집중력과 순발력이 중요하다.
또한 필드가 좁아서 사이드라인 아웃이나 엔드존 진입 여부 등 판정을 위한 라인 표식이 뚜렷하게 그려져 있어야 한다.
필수 장비 및 규정은 플래그풋볼에서 필요한 장비는 기본적으로 미식축구와 거의 유사하지만, 신체 보호 장비 대신 플래그 장비를 사용한다는 차이가 있다.
장비와 주요 착용 규정은 다음과 같다.

플래그 벨트(Flag Belt)
가장 핵심 장비로 허리에 두르는 벨트에 좌우로 두 개의 플래그가 달려 있다.
벨트는 겉옷 위에 착용하여 플래그가 완전히 잘 보여야 하고, 경기가 진행되는 동안 의도적으로 벨트를 돌리거나 플래그를 숨기면 반칙이다.

재질 및 색상
플래그와 소켓은 같은 재질, 같은 색상, 날카로운 모서리 없이 제작되어야 함.

사용 온도 범위
모든 성능 기준은 32°F~86°F(0℃~30℃ 이상)의 환경에서 유효해야 한다.

플래그(Flag)

항목	규격
a. 길이(소켓으로부터)	15~16인치(38.1~40.6cm)
b. 너비	1.8~2.0인치(4.6~5.1cm)
c. 로고/브랜드	소켓 옆에 부착, 최대 크기 2×3인치(5.1×7.6cm)
d. 두께	0.02~0.10인치(0.5~2.5mm)
e. 무게	최소 0.4온스(11g) – 소켓 제외
f. 저항	부착된 상태에서 최소 300N (67lbf/30kg 상당)

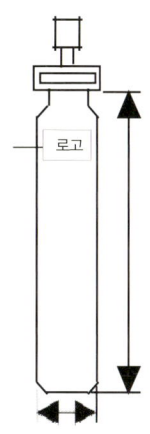

제1장 플래그풋볼 개요

소켓(Socket)

항목	규격
g. 외경	0.7~1인치(1.8~2.5cm)
h. 벨트 부분 길이	축 상단에서 소켓 모서리까지 1.4~1.6인치(3.6~4.1cm)
i. 플래그 부분 길이	소켓 모서리부터 바닥까지 2.4~2.6인치(6.1~6.6cm)
j. 각도	130~140도
k. 당기는 힘 허용치 최대	시니어 경기 : 100N(22lbf/10kg) 기타 경기 : 50N(11lbf/5kg)

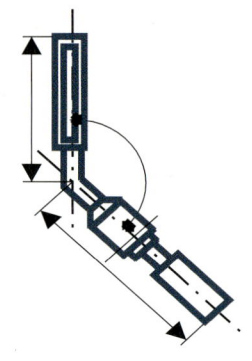

규정은 플래그의 치수, 인장력, 로고 위치, 그리고 소켓의 크기, 각도, 장력 기준까지 모두 상세히 규정함으로써, 공정하고 안전한 경기 환경 유지를 목표로 하고 있다.

미식축구공(Football)

플래그풋볼에서도 정식 미식축구 공인구를 사용한다.
성인용 경기는 보통 NCAA 규격의 크기 공을, 학생용 경기는 줄어든 크기의 공 주니어 용을 쓰기도 하며, 공의 규격과 공기압 등은 미식축구와 같이 관리된다.

재질 및 구조

공은 천연 황갈색의 조약돌 무늬 가죽 패널과 동일한 간격의 레이싱으로 구성되어야 한다.

형태 및 압력

규정된 치수의 타원형 구형이어야 한다.
내부 압력은 12.5~13.5psi(0.85~0.95bar)로 유지해야 한다.

규정 치수 및 무게

구분	일반 (NCAA)	청소년 (YOUTH)	주니어 (JUNIOR)
길이	11.00~11.50인치 (27.9~29.2cm)	10.50~11.00인치 (26.7~27.9cm)	10.25~10.75인치 (26.0~27.3cm)
길이 둘레	27.00~28.00인치 (68.6~71.1cm)	26.00~27.00인치 (66.0~68.6cm)	25.00~26.00인치 (63.5~66.0cm)
지름	6.25~6.75인치 (15.9~17.2cm)	6.00~6.50인치 (15.2~16.5cm)	5.75~6.25인치 (14.6~15.9cm)
교차 둘레	20.00~21.00인치 (50.8~53.3cm)	19.00~20.00인치 (48.3~50.8cm)	18.00~19.00인치 (45.7~48.3cm)
무게	14~15온스 (400~425g)	12~13온스 (340~370g)	11~12온스 (310~340g)

※ 공에 팀 소유 표시를 하는 것은 허용된다.

- 사이즈 규정(Size Rules)
  남자 경기 또는 혼성 경기 : 일반 사이즈
  여자 경기 : 청소년 사이즈
  16세 미만 유소년 경기 : 청소년 사이즈 (가죽이 아니어도 됨)
  13세 미만 유소년 경기 : 주니어 사이즈 (가죽이 아니어도 됨)

복장과 신발

선수들은 팀을 구분할 수 있는 유니폼 상의를 입는다. 유니폼이나 티셔츠는 플래그 벨트 아래로 겹치지 않도록 상의는 하의 밖으로 빼지 않고 입는 것이 원칙이다.
하의는 운동용 반바지나 운동복 등을 입으며, 주머니가 없는 것을 권장한다.
신발은 잔디나 인조 잔디에서 뛰기 적합한 스포츠화, 풋볼화를 착용하며, 축구화와 유사하나, 앞 코에 금속 스파이크가 있는 신발은 안전을 위해 금지된다.

장갑 및 마우스피스

원활한 공 잡기를 위해 수비수용 리시버 장갑을 낄 수 있다. 장갑은 선택 사항이지만 비나 추운 날씨 등에 미끄럼 방지 및 손가락 부상 방지에 도움이 된다.
보호 장비로서의 헬멧이나 어깨패드 등은 플래그풋볼에서는 사용하지 않는다.
대신 마우스피스는 치아 및 구강 보호를 위해 착용을 권장하거나 대회에 따라 의무화하기도 한다.

그 외에 플레이 중 상대를 다치게 할 수 있는 단단한 액세서리는 착용을 금지한다.

플래그풋볼 장비의 특징은 안전과 간편함이다.

최소한의 장비로도 즐길 수 있으면서, 동시에 상대의 플래그를 잡아당기는 독특한 방식 때문에 플래그 벨트의 착용 상태 검사 등이 경기 전에 이루어진다.

모든 선수는 시작 전에 장비가 규정에 맞는지 심판의 확인을 받아야 하며, 경기 중 벨트나 장비를 고의로 조작하면 반칙이 적용된다.

주요 반칙 및 페널티 규정

공격팀과 수비팀에서 자주 발생하는 반칙과 경기 운영 관련 반칙을 정리한다.

공격 측 주요 반칙(Offensive Fouls)

반칙 명칭	설명	페널티
오프사이드 (Offside) 부정한 출발 (False Start)	• 스냅 전에 공격팀 선수가 스크리미지 라인을 넘는 경우 • 센터 스냅 전에 움직이는 경우	• 5야드 페널티 후 다운 반복 • 데드볼 상황에서 적용
부정한 모션 (Illegal Motion) 부정한 시프트 (Illegal Shift)	• 동시에 2인 이상의 공격수가 움직임을 하는 경우 • 스냅 직전 정해진 일시 정지 없이 움직인 경우	• 5야드 페널티
패스 인터피어런스 (Offense Pass Interference) OPI	• 패스 경로상의 수비수를 공격측에서 밀거나 잡아서 방해하는 행위	• 10야드 페널티 • Loss of Down ⟨LOD⟩
플래그 가딩 (Flag Guarding)	• 공격수가 자신의 손, 팔 등을 이용해 플래그를 잡히지 않도록 가리는 행위	• 5야드 페널티 • Loss of Down ⟨LOD⟩

수비 측 주요 반칙(Defensive Fouls)

반칙 명칭	설명	일반적인 페널티
오프사이드 (Offside)	스냅 전에 수비팀 선수가 스크리미지 라인을 넘어오는 경우	• 5야드 페널티 • 오프사이드로 인한 플레이 • 중단 시 해당다운 다시 시행
패스 인터피어런스 (Defense Pass Interference) DPI	수비수가 패스받는 공격수를 밀치거나 잡아당겨 패스를 방해하는 행위	• 10야드 페널티 • 자동 퍼스트다운 • Automatic First Down〈AFD〉
부정한 접촉 반칙 (Illegal Contact)	태클, 홀딩 등 금지된 신체 접촉으로 공격수를 제지하는 행위	• 10야드 페널티 • Automatic First Down〈AFD〉 • 반칙 정도에 따라 악의적 파울이면 퇴장까지 가능
부정한 플래그 풀 (Illegal Flag Pull)	공을 갖지 않은 선수의 플래그 제거 예 페이크에 속아 엉뚱한 선수의 플래그 제거	• 5야드 페널티 • 플레이 결과에 따라 추가 적용

경기 운영 관련 반칙

게임 지연(Delay of Game)

공격팀이 규정된 시간 내에 스냅을 진행하지 못하거나, 팀이 의도적으로 경기를 지연시키는 경우 5야드 페널티.

보통 플레이 계시(play clock)가 25초로 설정되며, 초과하면 심판이 옐로우 플래그(Yellow flag)를 던져 지연 반칙을 선언한다.

인원 위반(Too Many Players)

필드 위에 규정보다 많은 선수가 플레이에 참여하였을 때 발생한다.

예를 들어, 공격/수비팀이 5명을 초과한 인원을 필드에 투입한 채 스냅이 이루어지면 5야드 페널티가 선언되고 해당 플레이는 무효 처리된다.

스포츠맨답지 않은 행위(Unsportsmanlike Conduct)

심판이나 상대 선수에게 욕설하거나 고의로 위험한 행위를 하는 등 스포츠맨십에 어긋나는 행동은 개인 파울로 간주한다.
10야드의 페널티를 주며, 때에 따라 해당 선수에게 경고 또는 퇴장이 적용될 수 있다.

기타

이 밖에도 공격팀의 비정상 패스(스크리미지라인 넘어서 패스 등) 수비팀 코치, 선수의 필드 무단진입, 타임아웃 초과 사용 등의 상황도 반칙으로 적용한다.
모든 반칙 상황에서는 심판이 옐로우 플래그를 필드에 던져 반칙 발생을 알리고, 규정에 따라 플레이 결과를 취소하거나 페널티 야드를 적용한 후 경기를 속개한다.
선수들은 경기 중에도 규칙을 준수하며 플레이해야 한다.
반칙 발생 시에는 침착하게 심판의 판정에 따르고, 팀 캡틴만이 필요한 경우 심판에게 설명을 요청하는 등 정해진 절차를 지켜야 한다.
이러한 규칙 준수와 반칙 관리로 플래그풋볼 경기는 원활하고 스포츠맨십 있게 운영된다.
이 스포츠는 운동 신경뿐만 아니라 전술적 사고, 팀워크, 신체 능력 향상에 도움을 주며, 미식축구의 매력을 경험할 수 있는 좋은 대안이다.
또한, 경쟁과 협력의 균형을 이루어 건강한 스포츠 정신을 함양할 기회를 제공한다.

여자 국가대표팀 경기장면, 2004. 핀란드

유소년 국가대표팀 경기장면, 2007. 미국

스포츠클럽 대회

2

플래그풋볼 기본 기술

1 그립의 핵심 원리

기본적인 그립 방법

손가락 위치 조정

공을 잡을 때 엄지손가락은 공의 아랫부분을 지지하고, 검지와 중지는 공의 실밥(레이스) 위에 올려놓고, 약지와 새끼손가락은 자연스럽게 공을 감싸는 위치에 둔다.

손가락 끝을 사용하기

공을 손바닥 전체로 꽉 잡기보다 손가락 끝으로 공을 조절하는 것이 중요하며, 이렇게 하면 패스 시 공에 자연스러운 회전(스파이럴)을 주기 쉽다.

손목 사용 연습

패스를 던질 때는 손목을 부드럽게 사용해 스파이럴(나선 회전)을 만들어야 하며, 손목을 자연스럽게 풀어주며 던지는 것이 중요하다.

기본적인 공 던지는 자세(Throwing Mechanics)

플래그풋볼에서 쿼터백(QB)이 공을 던지는 자세는 패스의 정확도와 속도를 높이는 데 매우 중요하다.

미식축구와 기본 원리는 비슷하지만, 플래그풋볼은 더 빠른 속도의 경기이므로 민첩하고 효율적인 자세가 필요하다.

기본자세

다리 간격과 균형 유지

발은 어깨 너비보다 약간 넓게 벌려주고, 무게 중심을 낮춰 몸의 균형을 잡는다. 발뒤꿈치를 살짝 들어주어 언제든 움직일 수 있도록 준비한다.

발 위치

오른손잡이라면 왼발을 살짝 앞으로, 왼손잡이라면 오른발을 앞으로 두어 몸의 방향과 패스 동작을 자연스럽게 연결할 수 있도록 한다.

그립 잡는 법

손가락 위치

엄지손가락은 공의 아래쪽, 검지와 중지는 실밥 위에 올려놓고, 나머지 손가락은 공을 자연스럽게 감싸며 지지한다.

손가락 끝 사용

공을 손바닥 전체로 꽉 잡지 않고, 손가락 끝으로 공을 조절해야 한다.
공을 너무 세게 잡기보다 부드럽게 쥐되, 미끄러지지 않도록 적당한 힘으로 잡는다.

공을 던지는 동작

공을 뒤로 당기기

공을 가슴 앞에서 시작해 귀 옆까지 올리고, 팔꿈치는 어깨높이보다 살짝 높게 유지하고, 반대 손으로 공을 가볍게 지탱해 균형을 잡는다.

몸을 비틀어 힘을 모으기

던지는 방향과 반대쪽 어깨를 목표 방향으로 두고, 허리와 어깨를 살짝 틀어 에너지를 축적한다.

발을 딛고 공을 던지기

앞발(오른손잡이는 왼발)을 던지는 방향으로 내디디며 하체의 힘을 이용한다.
공을 던질 때 손목을 부드럽게 스냅 해 스파이럴(나선 회전)을 주고, 검지 손끝에서 마지막으로 공이 빠져나가도록 해야 한다.

팔로우스루(Follow-through)

공을 던진 후, 팔이 자연스럽게 목표 방향을 가리키며 내려오도록 한다.
던지는 동작이 끝난 뒤 몸 전체가 목표 방향을 향해 자연스럽게 회전하는 것이 중요하다.

패스 종류와 던지는 방법

숏 패스(Short Pass)

짧은 거리(5~10야드)에서 정확도를 높이기 위한 패스다.
빠른 손목 스냅과 부드러운 릴리즈가 중요하다.
손목을 살짝만 돌려 스파이럴을 만들고, 팔로우스루는 짧게 가져간다.

롱 패스(Long Pass)

15~30야드 이상의 긴 거리를 던질 때 사용한다.
어깨와 허리의 회전을 크게 활용해 강한 힘을 실어야 한다.
팔로우스루를 길게 가져가고, 손목 스냅으로 공의 회전을 충분히 만들어야 한다.

플로터 패스(Floater Pass, Lofted Pass)

수비수를 넘겨서 팀원에게 전달할 때 사용하는 패스다.
공의 포물선 궤적을 크게 만들어야 하므로 손목 스냅을 약하게 조절한다.
팔을 끝까지 따라가면서 던지면 정확도와 거리 조절이 좋아진다.

좋은 패스를 위한 팁(Tips for Better Throws)

눈을 목표물에 고정하기

공을 던지기 전, 목표하는 리시버를 끝까지 바라보고 던지는 습관을 들인다.
시선이 흔들리면 정확도가 떨어진다.

하체를 활용하기

팔 힘만으로 던지지 말고, 하체의 힘과 중심 이동을 이용해 밀어내듯 패스한다.
상체와 하체의 움직임이 자연스럽게 연결되어야 한다.

스파이럴 연습하기

손목 스냅을 활용해 공에 회전(스파이럴)을 주는 연습이 필요하다.
스파이럴이 잘 걸리면 공의 속도와 정확도가 높아진다.

빠른 릴리즈 연습

플래그풋볼에서는 수비가 빠르게 압박하기 때문에, 공을 잡고 빠르게 던지는 릴리즈가
중요하다. 릴리즈 속도를 높이면 상대 수비의 대응 시간을 줄일 수 있다.

수비 압박 대비하기

수비수가 접근하기 전에, 가볍게 스텝을 밟으며 움직임을 유지한다.
수비 압박에 당황하지 않고 민첩하게 반응할 수 있도록 준비하는 것이 좋다.

핸드오프 훈련 방법(Drills for Better Hand-Offs)

핸드오프를 성공적으로 수행하려면 타이밍, 포지션, 공을 안전하게 잡는 감각이 필요하다.
이를 연습할 수 있는 다양한 훈련 방법을 알아보자.

기본 핸드오프 연습(Standard Hand-Off Drill)

방법

쿼터백(QB)과 러닝백(RB)이 나란히 서서 시작한다.
쿼터백은 러닝백의 포켓(Pocket) 양팔로 만들어진 공을 받을 공간에 공을 정확하고 부드럽게 넣어준다.
러닝백은 공을 받은 직후 두 손으로 공을 감싸고 빠르게 앞으로 달려나간다.

포인트

쿼터백은 공을 세게 밀어 넣지 않고, 부드럽게 전달해야 한다.
러닝백은 공을 받은 후 즉시 두 손으로 감싸며 보호해야 한다.
전달 동작이 매끄럽고 자연스럽게 이루어지도록 반복 연습이 필요하다.

이동하면서 핸드오프 연습(Moving Hand-Off Drill)

방법

쿼터백(QB)이 가볍게 이동하면서 러닝백(RB)에게 핸드오프를 시도한다.
러닝백도 움직이며 쿼터백의 타이밍에 맞춰 핸드오프를 받을 준비를 한다.
두 선수는 스텝을 맞추고, 러닝백은 공을 받은 직후 두 손으로 안전하게 감싸야 한다.

포인트

경기에서는 정지한 상태가 아니라 이동 중에 핸드오프가 이루어지기 때문에, 쿼터백과 러닝백은 서로의 타이밍과 속도를 맞추는 연습이 중요하다.
핸드오프 동작이 자연스럽고 매끄럽게 연결되도록 반복 연습해야 한다.

리버스 핸드오프 연습(Reverse Hand-Off Drill)

방법

쿼터백(QB)은 한쪽으로 이동하며 수비를 유인하고, 반대쪽에서 달려오는 러닝백(RB)에게 핸드오프를 시도한다.
쿼터백은 방향 전환 동작과 함께 자연스럽게 러닝백에게 공을 전달하고, 러닝백은 공을 받은 직후 가속해 앞으로 달려간다.

포인트

쿼터백은 수비를 속이기 위해 방향 전환 동작을 충분히 활용해야 한다.
러닝백은 공을 받기 전에 미리 속도를 내거나 서두르지 말고, 핸드오프가 확실히 이루어진 후 빠르게 가속하는 것이 중요하다.

패스 페이크 후 핸드오프 연습(Draw Play Drill)

방법

쿼터백(QB)은 공을 잡은 뒤 패스 동작을 하는 척하며 수비를 속인다.
동시에 러닝백(RB)은 쿼터백 쪽으로 접근해 핸드오프를 받아야 한다.
수비가 패스를 예상해 뒤로 물러나는 순간을 노려, 러닝백이 공을 잡고 빠르게 돌파하는 플레이를 연습한다.

포인트

쿼터백의 패스 동작 페이크가 자연스럽고 확실하게 보여야 수비가 속는다.
러닝백은 수비의 움직임을 확인하며 적절한 타이밍에 핸드오프를 받아야 한다.
페이크와 핸드오프의 연결 동작이 매끄럽게 이루어지도록 반복 연습이 필요하다.

핸드오프 훈련을 잘하는 법

정확한 타이밍 맞추기

핸드오프에서 가장 중요한 것은 쿼터백과 러닝백의 호흡이다.
서로의 타이밍과 속도가 잘 맞아야 실수를 줄일 수 있다.

공을 안전하게 보호하기

핸드오프 순간에 공을 두 손으로 단단히 감싸는 습관을 들여야 한다.
공을 놓치거나 떨어뜨리는 실수를 방지할 수 있다.

공을 받은 후 즉시 가속하기

러닝백은 공을 받은 직후 빠르게 방향을 전환하고, 주저하지 않고 속도를 높여 돌파해야 한다.
핸드오프 이후의 초반 가속이 성공적인 플레이로 이어진다.

플래그풋볼 센터 스냅 방법

플래그풋볼에서 센터(Center)는 경기 시작의 핵심인 스냅(Snap)을 담당한다.
센터는 쿼터백(QB)에 공을 정확하고 빠르게 전달해야 하며, 이는 공격 플레이의 시작을 원활하게 만드는 중요한 역할이다.
플래그풋볼은 미식축구와 달리 태클이 없고 템포가 빠른 경기이기 때문에, 스냅 실수 없이 안정적이고 정확하게 전달하는 것이 공격 흐름을 유지하는 데 매우 중요하다.

스냅의 기본 개념

언더 센터 스냅 (Under Center Snap)

쿼터백(QB)이 센터의 바로 뒤에 위치해 공을 직접 받는 방식이다.
주로 짧은 거리 플레이나 빠른 패스에 사용되며, 스냅과 동시에 빠르게 플레이를 전개할 수 있다.

샷건 스냅(Shotgun Snap)

쿼터백이 센터의 5~7야드 뒤에 서서 받는 방식이다.
패스에 많이 활용되며, 공을 받는 위치가 멀기 때문에 정확한 스냅과 컨트롤이 매우 중요하다. 샷건 스냅은 수비 압박을 피하면서 플레이를 넓게 전개할 수 있는 장점이 있다.

언더 센터 스냅 방법

기본자세

발을 어깨너비로 벌리고, 무릎을 살짝 굽힌 상태에서 준비한다.
공은 양손으로 안정적으로 잡고, 머리를 숙여 필드 상황과 상대 수비 위치를 확인한다.

스냅 동작

한 손으로 공의 측면 또는 실밥을 잡고, 다른 손은 보조 역할을 한다.
공을 부드럽고 빠르게 쿼터백의 손에 전달해야 하며, 손목을 사용해 공에 불필요한 회전이 생기지 않도록 조절한다.

주의할 점

공을 너무 세게 밀어내면 쿼터백이 공을 받기 어렵고, 플레이가 흐트러질 수 있다.
항상 일정한 속도와 부드러운 스냅으로 쿼터백이 안정적으로 받을 수 있도록 전달하는 것이 중요하다.

샷건 스냅 방법

기본자세

자세를 넓게 잡고, 무릎을 살짝 굽힌 상태에서 준비한다.
공의 실밥이 위로 가도록 두고, 손가락은 공의 아랫부분에 위치시킨다.
손목과 팔의 힘을 이용해 공을 던질 준비를 한다.

스냅 동작

공을 부드럽게 손목과 팔로 밀어 올리듯 던진다.
공에 스파이럴(회전)이 걸리지 않도록 일정한 힘으로 조절해, 쿼터백이 위치한 5~7야드 뒤까지 정확하게 전달한다.

주의할 점

공을 너무 높게 던지면 쿼터백이 받기 어렵고, 너무 짧거나 약하게 던지면 도중에 공이 떨어질 위험이 있다.
항상 일정한 속도와 높이로 스냅 하는 연습이 필요하다.

▲ 바로 옆에서 본 언더센터스냅

쿼터백의 준비 자세

쿼터백(QB)은 센터의 엉덩이 아래에 양손을 넣고, 한 손은 위, 한 손은 아래로 하여 서로 손바닥이 마주 보게 하마 입 모양으로 만들어 공을 받을 준비를 한다.

센터의 스냅 동작

센터는 쿼터백의 손 위치를 확인한 뒤, 두 손 사이 중앙에 공을 정확하게 넣어주며 스냅을 전달한다.
이 스냅은 주로 짧은 거리 플레이나 빠른 공격 템포에서 활용된다.

▲ 언더센터 스냅

▲ 스냅 수비 측의 왼쪽으로 있는 플레이어가 본 샷건 스냅

센터의 그립 방법

센터는 공의 레이스(흰 봉제선)의 첫 번째 매듭에 엄지손가락을 걸고 공을 잡는다. 이렇게 하면 쿼터백에 공을 전달했을 때, 쿼터백이 다시 그립을 고쳐 잡을 필요 없이 바로 레이스 위에 손가락을 두고 패스를 던질 수 있다.

쿼터백의 대기 자세

쿼터백은 센터로부터 5~7야드 뒤에 위치해, 가슴 앞에서 공을 받을 준비 자세로 기다린다. 스냅을 받을 때 곧바로 패스 동작으로 연결할 수 있도록 한다.

스냅 전달 방법

센터는 쿼터백의 가슴 위치를 겨냥해, 마치 패스를 던지듯이 부드럽고 정확하게 스냅한다. 이때 센터가 공을 잡는 방법은 언더센터 스냅 과 달리, 패스 그립과 같은 방식으로 준비하는 것이 특징이다.

플래그풋볼 러닝백(RB) 달리는 자세

공을 가슴과 팔 사이에 끼워 넣고, 손가락으로 공을 감싸며 손바닥으로 단단히 고정한다. 공을 항상 몸쪽에 밀착시켜 뺏기지 않도록 한다.
뛰는 동안 팔을 흔들 때 공이 흔들리지 않도록, 팔꿈치를 몸에 붙이고 움직이는 것이 중요하다.

기본적인 달리는 자세

상체 자세

몸을 살짝 앞으로 기울여 가속력을 높이고, 무게중심을 낮추되 지나치게 숙이지 않도록 한다.
균형을 유지하면서 팔을 자연스럽게 흔들며 스텝과 리듬을 맞추는 것이 중요하다.

다리 움직임

무릎을 너무 높이 들지 않고 짧고 빠른 스텝으로 이동한다.
수비수를 피할 수 있도록 민첩하고 자연스러운 스텝연습이 필요하다.

공을 잡고 달릴 때

공은 한 손이 아닌 양손으로 보호하며, 항상 몸에 밀착시킨다.
달리는 동안 공을 보호하면서도 손과 팔을 부드럽게 움직여 균형을 유지해야 한다.

빠르게 방향 전환하는 기술(Cutting & Juking)

컷(Cut)

급격한 방향 전환한 발로 땅을 강하게 밀며 반대 방향을 순간적으로 이동하는 기술이다. 무게중심을 낮추고 짧은 스텝으로 균형을 유지하며 수비수의 움직임을 읽고 즉각 반응하는 것이 핵심이다.

유로 스텝(Euro Step)

두 번의 방향 전환으로 속이기이다.
한쪽으로 움직이는 척하며 반대쪽으로 빠르게 이동해 수비수를 속이는 기술이다.
허리와 어깨를 적극 활용해 페이크 동작을 주며 상대가 방향을 바꿀 틈 없이 공간을 확보한다.

스핀 무브(Spin Move)

회전으로 수비 피하기 한쪽 발을 축으로 빠르게 몸을 회전시켜 수비수의 손을 피하는 기술이다.
공은 반드시 몸에 밀착해 스핀 동작 중에도 안전하게 보호해야 하며 빠르고 부드러운 회전이 중요하다.

최적의 스프린트 자세(Explosive Sprint Form)

출발 시(Initial Acceleration)

스냅 직후 3~5걸음은 폭발적으로 가속해야 한다. 무릎을 적당히 높이고, 짧고 빠른 스텝으로 속도를 올려 수비수를 앞지르는 것이 핵심이다.

달리는 동안(Mid-Run Positioning)

속도가 붙기 시작하면 허리를 너무 펴지 않고 살짝 앞으로 기울인 자세를 유지한다. 팔을 강하게 흔들며 추진력을 유지하고, 속도가 충분히 올라오면 긴 스텝으로 자연스럽게 이동한다.

수비수를 피할 때(Evasion Techniques)

수비수를 마주했을 때는 짧은 스텝으로 민첩하게 방향을 바꿔야 한다.
가짜 페이크 동작을 활용해 수비수를 속이고, 너무 빠르고 큰 움직임보다는 균형을 유지하며 정확하게 제어하는 것이 중요하다.

플래그를 지키는 러닝 자세(Flag Protection Running Form)

플래그풋볼에서는 태클 대신 허리의 플래그를 잡는 것이 목적이므로, 러닝백은 플래그를 쉽게 뺏기지 않도록 해야 한다.

플래그를 지키는 법은 수비수를 지나갈 때 플래그가 보이지 않도록 허리로 측면을 돌리고, 수비수가 다가오면 순간적으로 속도를 늦췄다가 가속하는 페이크 사용하여 스핀 무브 또는 사이드 스텝을 활용해 수비수를 피한다.

러닝백 연습 방법(RB Training Drills)

라인 스프린트 드릴(Straight-Line Sprint Drill)

10~20야드 거리를 전력 질주한 뒤 감속하는 훈련이다. 폭발적인 출발과 균형 잡힌 속도 조절 능력을 키울 수 있다.

컷 & 점프 컷 드릴(Cut & Juke Drill)

콘(마커)을 일정 간격으로 배치하고, 한쪽 발로 빠르게 방향을 바꾸는 훈련이다. 급격한 방향 전환과 민첩성을 향상할 수 있다.

스핀 무브 드릴(Spin Move Drill)

수비수 역할을 하는 사람이 플래그를 잡으려고 하면, 몸을 빠르게 회전(스핀)시켜 수비수를 피하는 동작을 연습한다.

플래그 보호 드릴(Flag Protection Drill)

두 명의 수비수가 러닝백의 플래그를 잡으려고 할 때, 러닝백은 최대한 수비수를 피하고 플래그를 보호하는 연습을 한다.

수비수와의 간격 유지 플래그 보호 능력을 향상하는 데 효과적이다.

6 플래그풋볼 공 캐치 기본 방법

플래그풋볼에서 공을 안정적으로 잡는 기술은 매우 중요하다.
수비 압박이 적지만, 패스 속도가 빠르고 공이 오는 다양한 방향에 따라서 손의 위치, 시선, 캐치 후 동작이 핵심이다.

공을 잡는 기본적인 손의 위치

다이아몬드 캐치(Diamond Catch) - 높은 패스용

공이 가슴 높이보다 위로 올 때 사용하는 캐치 방법이다.
양손의 엄지와 검지를 맞대어 다이아몬드 모양(삼각형)을 만들고, 손가락 끝으로 공을 감싸며 받는다.
이때 손바닥에 공이 닿지 않도록 주의한다.
공을 안정적으로 잡은 뒤에는 가슴 쪽으로 끌어당겨 확실하게 보호한다.

바스켓 캐치(Basket Catch) - 낮은 패스용

공이 허리 아래로 올 때 사용하는 캐치 방법이다.
손바닥을 위로 향하게 하고, 새끼손가락을 붙여 바구니 모양을 만든다.
공을 받으면 바로 가슴과 팔로 감싸 안전하게 보호한다.

양손 캐치(Two-Hand Catch) - 가장 안전한 방법

공을 받을 때는 항상 양손을 사용하는 것이 가장 안전하다.
양손으로 잡으면 실수를 줄일 수 있고, 수비수가 가까이 있을 때도 공을 쉽게 빼앗기지 않는다. 가능한 한 두 손으로 공을 감싸며 안정적으로 받는 것이 안전하다.

캐치할 때의 시선과 몸의 움직임

공을 끝까지 보기

공을 받을 때는 손을 먼저 움직이기보다, 끝까지 시선을 공에 집중한다.
패스를 받을 때 눈을 감거나 몸을 돌리면 실수가 나올 수 있으니 주의해야 한다.

손을 너무 빨리 닫지 않기

공이 손안에 완전히 들어온 뒤에 손가락을 오므려야 한다.
너무 빨리 닫으면 공이 손끝에 맞고 튕겨 나갈 위험이 있다.

캐치 후 즉시 몸 보호 자세로 전환

공을 잡은 직후, 가슴과 팔로 공을 감싸 안전하게 보호한다.
수비수가 다가올 경우를 대비해 곧바로 방향 전환 준비도 함께 해주는 것이 좋다.

캐치 상황별 응용 기술

러닝 캐치(Running Catch)

패스를 받기 전에 손의 위치를 미리 준비하고, 공이 오는 방향에 맞춰 스텝을 자연스럽게 맞추며 캐치한다.
공을 잡은 뒤에는 바로 달릴 수 있도록 몸의 흐름을 이어가는 것이 중요하다.

점프 캐치(Jump Catch)

높은 패스를 받을 때는 타이밍에 맞춰 점프해 공을 잡는다.
착지할 때는 한쪽 발부터 땅에 닿아 균형을 유지하고, 공을 잡은 직후 빠르게 다음 동작으로 연결할 수 있도록 준비한다.

한 손 캐치(One-Hand Catch)

공이 갑자기 방향을 바꾸거나 수비수가 가까이 있을 때 사용하는 기술이다. 손끝과 손가락의 힘으로 공을 먼저 컨트롤한 뒤, 곧바로 두 손으로 감싸 안정성을 확보해야 한다.

캐치 방법

❼ 플래그 떼기 기술(Flag Pulling Techniques)

플래그 떼기 기본동작 Ⅰ

플래그 떼기 기본동작 Ⅱ

플래그 떼기의 기본 원칙

상대의 움직임을 예측하라

공을 가진 선수의 상체보다 허리와 엉덩이 움직임에 집중한다.
플래그 위치와 하체 움직임을 따라가야 효과적으로 대응할 수 있다.

두 손을 사용하라

플래그를 뗄 때는 한 손보다 양손을 사용하는 것이 실수할 확률을 줄이고 성공 확률을 높인다.

시선을 끝까지 집중하라

손보다 플래그에 시선을 고정하고 끝까지 따라간다.
손만 휘두르기보다 정확히 보고 잡아야 성공적으로 뗄 수 있다.

몸을 낮춰서 대응하라

상대가 방향을 바꿔도 빠르게 반응할 수 있도록 무게중심을 낮추고 허리를 숙이고, 발은 가볍고 민첩하게 움직일 준비를 해야 한다.

부드럽게 떼어라

플래그를 세게 당기기보다 손끝으로 가볍게 잡고 빠르게 떼는 것이 효과적이며, 강하게 잡으면 오히려 놓칠 수 있다.

플래그 떼기 기술 유형

기본 플래그 떼기(Standard Flag Pull)

상대의 허리 위치를 따라가며 정확히 플래그를 겨냥한다.
양손을 사용해 손가락으로 깔끔하게 플래그를 잡고 빠르게 당긴다.

플래그를 뗀 직후에는 손을 들어 심판에게 시그널을 보낸다.

사이드 플래그 떼기(Side Pull Technique)

상대가 옆으로 돌진할 때 효과적인 기술이다.
몸을 낮추고 허리 쪽으로 손을 뻗어 한 손으로 빠르게 플래그를 잡아당긴다.

정면 플래그 떼기(Head-On Flag Pull)

상대가 정면으로 돌진할 때는 허리 정중앙을 목표로 삼고, 다리를 어깨너비로 벌려 안정적인 자세를 유지하여, 양손을 동시에 뻗을 준비하고, 상대가 페이크 동작을 할 경우 빠르게 반응해야 한다.

백스텝 플래그 떼기(Backpedal Flag Pull)

상대가 방향을 바꾸며 달려올 때 사용하기 좋은 기술이다.
뒤로 백스텝을 하며 속도를 조절하고, 플래그 제거 기회를 노린다.
상대가 회피 동작을 하면 무릎을 낮춰 민첩하게 따라가는 것이 중요하다.

플래그 떼기를 위한 수비 자세

기본 디펜스 자세 유지

무게중심을 낮추고 발을 어깨너비로 벌려 안정적인 자세를 만들고, 팔은 가볍게 들고, 상대의 움직임에 빠르게 반응할 수 있도록 준비한다.

빠른 스텝 사용

상대가 방향을 바꿀 때 바로 따라갈 수 있도록 발을 가볍게 유지하고, 큰 보폭보다 짧고 빠른 스텝으로 움직여야 균형을 잃지 않는다.

손의 위치 조절

손을 너무 높이 들면 상대가 플래그를 보호하기 쉬워진다.
항상 허리 아래쪽에 손을 두고, 플래그 위치에 맞춰 정확히 겨냥해야 효과적으로 플래그를 제거할 수 있다.

플래그 떼기 훈련 방법(Drills for Better Flag Pulling)

1대1 플래그 떼기 연습

한 명이 공을 들고 자유롭게 움직이고, 다른 한 명은 플래그를 떼는 연습을 한다.
공격수의 방향 전환이나 속임수 동작에 대비해 빠르게 반응하는 능력을 기를 수 있다.

미러 드릴(Mirror Drill)

공격수와 수비수가 마주 보고 서서, 공격수가 움직이면 수비수가 그대로 따라가며 플래그 위치를 겨냥하는 훈련이다. 수비수의 반응 속도와 민첩성을 키우는 데 효과적이다.

리액션 드릴(Reaction Drill)

공격수가 갑작스럽게 방향을 바꾸거나 페이크 동작을 사용하면, 수비수가 이를 보고 빠르게 반응해 플래그를 떼는 연습이다.
실전 상황에서의 순발력과 판단력을 키울 수 있다.

플래그 태그를 방어하는 공격자의 기술에 대한 대비

페이크 움직임에 속지 않기

공격수는 플래그를 보호하기 위해 갑자기 멈추거나 몸을 돌리는 페이크 동작을 사용한다. 이런 속임수에 넘어가지 않기 위해 항상 공격자의 상체가 아닌 허리와 플래그 위치를 보고 반응해야 한다.

몸을 낮추고 중심을 유지하기

공격수가 급격히 방향을 바꿀 때 쉽게 중심을 잃지 않도록, 무릎을 살짝 굽히고 무게중심을 낮춘 자세를 유지하고, 짧고 빠른 스텝으로 반응하는 것이 중요하다.

양손 사용하기

한 손으로만 플래그를 떼려고 하면 공격자가 몸을 비틀거나 회피 동작을 할 때 쉽게 놓칠 수 있다. 항상 양손을 활용해 정확하게 플래그를 떼어내야 한다.

플래그를 떼는 최고의 방법

허리에 집중하기

플래그가 달린 허리 움직임에 시선을 고정하고, 손이나 상체가 아닌, 허리와 플래그 위치를 따라가는 것이 가장 정확하다.

양손 사용하기

한 손보다 두 손을 사용해야 플래그를 확실하게 뗄 수 있다.
양손으로 플래그를 겨냥해 정확도를 높인다.

공격수의 방향 전환 예상하기

공격수가 급격하게 방향을 바꾸거나 속임수를 사용할 수 있기 때문에 항상 다음 움직임을 예측하며 대비해야 한다.

빠른 반응 속도와 민첩성 키우기

짧고 빠른 스텝으로 움직이며, 공격수의 변화에 즉각 반응할 수 있도록 민첩성 훈련을 꾸준히 해야 한다.

플래그풋볼 스크리미지 라인(Line of Scrimmage)

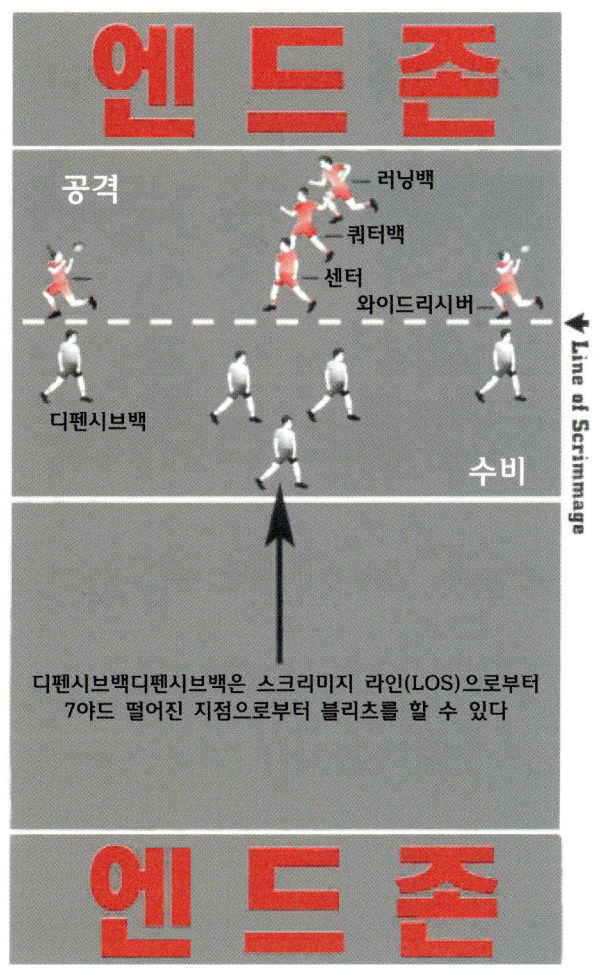

스크리미지 라인의 기본 개념

공이 놓인 위치를 기준으로 형성

스크리미지 라인은 공이 놓여 있는 위치를 기준으로 가상의 선으로 골라인과는 평행, 사이드 라인과는 수직으로 만들어진다.

공격팀과 수비팀 모두 스냅 전까지 이 선을 넘을 수 없다.

양 팀 모두 스크리미지 라인 뒤에서 대기

공격팀은 쿼터백(QB)을 포함해 모든 선수가 스냅 전까지 이 라인을 넘지 않아야 한다. 수비팀 역시 스냅 전에는 스크리미지 라인을 넘어서는 안 된다.

스냅과 함께 플레이 시작

센터가 쿼터백에 공을 스냅 하면 플레이가 시작되고, 그 순간부터 양 팀 모두 스크리미지 라인을 넘어 움직일 수 있으며, 공격팀은 패스, 러닝 등 다양한 플레이를 진행할 수 있다.

공격팀(Offense)의 스크리미지 라인 규칙

스크리미지 라인 넘지 않기

공격팀 선수들은 스냅 전까지 스크리미지 라인을 절대 넘어서는 안 된다.

정지 상태 유지

모든 공격팀 선수는 스냅 전에 정해진 위치에서 정지 상태를 유지해야 한다.
스냅 전에 움직이면 반칙이 된다.

반칙 유형

스냅 전에 선수가 움직이면 다음과 같은 반칙이 적용된다.

오프사이드(Offside)

공격팀 선수가 스냅 전에 스크리미지 라인을 넘어선 경우.

부정한 출발(False Start)

공격팀 선수가 스냅 전에 불필요하게, 급작스럽게 움직인 경우.

수비팀(Defense)의 스크리미지 라인 규칙

스크리미지 라인 넘지 않기

수비팀 선수들은 스냅 전까지 스크리미지 라인을 넘어서는 안되며, 스크리미지 라인을 넘어서 공격을 시도하면 오프사이드(Offside)반칙이 선언된다.

블리츠(blitz) 규칙

플래그풋볼 리그에서는 블리츠(blitz)가 공으로부터 7야드 뒤에서 출발해야 한다. 스냅이 이루어진 후, 이 거리를 유지한 상태에서 수비를 시작할 수 있다.

블리처(Blitzer) 제한 규칙

플래그풋볼에서는 한 번의 플레이에 최대 2명까지만 블리츠(blitz)를 사용할 수 있다. 제한된 인원만 쿼터백에 빠르게 압박할 수 있도록 규칙으로 정해져 있다.

7야드 뒤에서 블리처 위치

2명의 블리처가 손을 들어서 표시

9 플래그풋볼 허들(Huddle)

허들(Huddle)

허들은 플레이를 시작하기 전에 팀원들이 모여 전략을 논의하는 회의 시간을 의미한다. 공격팀과 수비팀 모두 사용할 수 있으며, 다음 플레이를 어떻게 진행할 것인지 결정하는 중요한 과정이다.

필드 안에서 허들 시 작전 구상

바로 플레이하는 노-허들

허들의 기본 개념

작전 회의 역할

허들은 플레이 전에 팀원들이 모여 전술을 공유하는 시간이다.
공격팀(Offense)은 어떤 패턴으로 플레이할지 논의하고, 수비팀(Defense)은 상대의 움직임에 맞춰 방어 전략을 조정한다.

시간제한 규칙

플래그풋볼 리그에서는 허들 시간을 포함해 25초 이내에 공격을 시작해야 한다.

시간이 초과하면 딜레이 오브 게임(Delay of Game)반칙이 적용된다.

팀 리더가 주도

공격팀에서는 보통 쿼터백(QB)이 허들을 주도해 플레이를 지시하며, 수비팀에서는 수비 리더(Defense Captain)가 전략을 조정한다.

공격팀(Offense) 허들 진행 방법

플레이 유형 결정

쿼터백(QB)이 다음 플레이에서 러닝 플레이인지 패스 플레이인지 결정하고, 전체 움직임과 패턴을 지정한다.

각 선수의 역할 전달

허들에서 리시버(WR)들에 달릴 경로와 역할을 알려주고, 러닝백(RB)의 움직임을 정리한다. 센터에게는 스냅 타이밍을 확인한다.

코드 단어 및 시그널 사용

상대 팀이 작전을 알아채지 못하도록 암호화된 코드나 시그널을 사용한다.
예 "블루 42", "호랑이 7" 등 팀만 아는 특정 단어 사용

최종 확인 후 포지션 이동

허들이 끝난 뒤, 선수들은 빠르게 각자의 포지션으로 이동해 준비를 마친다.
지정된 시간 내에 스냅 하지 않으면 딜레이 오브 게임반칙이 선언될 수 있다.

수비팀(Defense) 허들 진행 방법

상대 팀 패턴 분석

이전 플레이에서 공격팀이 사용한 전략을 빠르게 확인하고, 다음 플레이가 러닝인지 패스인지 예측한다.

디펜스 포메이션 결정

상황에 따라 존 디펜스(Zone Defense) 또는 맨투맨 디펜스(Man-to-Man Defense) 중 어떤 형태로 수비할지 결정한다. 또한, 러셔(Rusher)를 몇 명 투입할지도 정한다.

수비 역할 분배

상대 팀의 빠른 리시버를 전담할 수비수를 배치하고, 러싱 타이밍과 커버리지 전략을 팀원들과 공유한다.

마지막 조정 후 포지션 이동

허들에서 정리한 내용을 팀원들이 명확히 이해했는지 확인한 뒤, 신속하게 스크리미지 라인으로 이동해 수비 대형을 갖춘다.

허들의 주요 규칙 및 주의 사항

시간제한 준수

허들은 지정된 시간 내에 끝내야 하며, 시간이 초과하면 딜레이 오브 게임(Delay of Game) 반칙이 적용된다.

정확한 시그널 전달

허들 내에서 작전과 시그널이 명확하게 전달되어야 한다. 팀원들이 역할을 혼동하면 플레이 실수로 이어질 수 있으니, 모든 선수가 자신의 역할을 확실히 이해해야 한다.

전략적 허들 운영

일부 팀은 페이크 허들을 사용해 상대를 혼란스럽게 하거나, 노-허들(No-Huddle) 공격으로 빠르게 플레이를 시작해 수비가 준비할 시간을 주지 않는 전략을 사용하기도 한다.

공격팀의 허들 전략

노 허들 공격(No-Huddle Offense)

수비팀이 준비할 시간을 주지 않기 위해 허들을 생략하고 바로 다음 플레이를 시작하는 전략이다.
쿼터백이 빠르게 플레이를 호출하며, 템포를 끌어올려 수비를 혼란스럽게 만든다.

수비 예측을 깨는 페이크 전략

허들에서 패스를 논의한 것처럼 보인 뒤 실제로는 러닝 플레이를 실행하는 등, 상대가 예상하지 못한 전략을 사용해 수비를 속인다.

시그널을 이용한 위장 플레이

허들에서 미리 약속된 시그널을 활용해 상대 수비를 교란할 수 있다.
예를 들어, 첫 번째 시그널에 스냅 할지 두 번째 시그널에 스냅 할지를 팀원끼리 정하고, 상대가 쉽게 눈치채지 못하게 작전을 조정한다.

수비팀의 허들 전략

패턴 분석 후 빠른 대응

이전 플레이에서 상대 팀이 자주 사용한 패턴이나 경기 방식을 빠르게 분석하고, 그에 맞춰 리시버 커버리지와 러싱 전략을 논의한다.

페이크 수비 전략 활용

허들에서는 맨투맨 수비처럼 보이게 논의한 뒤, 실제 플레이에서는 존 디펜스로 전환하는 등, 상대 공격팀이 예측하지 못하도록 전략을 세운다.

정확한 커뮤니케이션 유지

수비팀은 허들 내에서 정확한 의사소통이 필수이다.
각자 맡은 역할을 명확히 공유하고, 혼란이 없도록 정리한 후 스크리미지 라인으로 이동해야 한다.

플래그풋볼에서 허들의 중요성

공격팀의 전략 준비

허들은 공격팀이 다음 플레이를 논의하고 준비하는 시간이다.
패턴, 역할, 시그널 등을 정리해 플레이의 완성도를 높인다.

수비팀의 대응 전략 마련

수비팀도 허들을 활용해 상대의 공격 패턴을 예측하고, 수비 포메이션과 역할을 빠르게 정리한다.

시간제한과 명확한 소통

허들은 제한된 시간 내에 진행해야 하며, 팀원 간의 빠르고 정확한 커뮤니케이션이 필수이며, 의사소통이 명확하지 않으면 플레이 실수로 이어질 수 있다.

노-허들(No-Huddle) 전략 가능

상황에 따라 허들을 생략하고 바로 플레이를 시작하는 노-허들 전략을 사용할 수 있다. 이를 통해 상대 수비가 준비할 틈을 주지 않고 빠르게 공격을 이어갈 수 있다.

⑩ 공격 개시 방법

스냅(Snap) 시그널의 기본

구두(Verbal) 시그널

쿼터백(QB)은 주로 "Ready… Set… Hot!" 같은 단어를 사용해 스냅 타이밍을 팀원들에게 전달한다. 예를 들어 "Ready, Set, Hot-Hot-Hot"처럼 호출하며, 몇 번째 "Hot!"에서 스냅 할지 허들에서 미리 약속한다. 처음 연습할 때는 복잡한 시그널 대신, "준비, 시작"처럼 단순한 시그널로 연습하는 것이 좋다.

단점은 수비팀이 타이밍을 쉽게 예측할 수 있다는 점이지만, 부정한 출발 반칙을 줄이기 위해 초반에는 단순한 방법을 사용하는 것도 효과적이다.

비구두(Non-Verbal) 시그널

말 대신 손을 흔들거나 발을 구르는 동작으로 센터에게 스냅을 요청할 수도 있다. 특히 소리가 잘 들리지 않는 상황이나, 상대 수비의 리듬을 깨고 싶을 때 유용한 방법이다.

시그널의 다양화와 시간차 작전

허들에서 미리 몇 번째 시그널에 스냅 할지 팀원들과 정해두는 것도 전략이다.
예를 들어, "시그널 2"라고 정했다면 두 번째 "Hot!"에서 스냅이 이루어진다.
이렇게 하면 수비팀이 스냅 타이밍을 예측하기 어렵고, 상대의 반응을 늦출 수 있다.

허들(Huddle) 및 라인업(Lineup) 절차

작전 회의 종료 후 빠른 위치 이동

허들에서 작전 논의가 끝나면, 각 선수는 허들에서 정해진 자신의 위치로 신속하게 이동한다. 특히 센터(Center)는 재빨리 볼이 놓인 자리로 가서 준비해야 한다.

쿼터백의 위치 지시

쿼터백(QB)은 허들 시간 초과로 인한 반칙을 피하고자, 팀원들에게 "위치로!"라고 외치며 빠르게 자리로 이동하도록 지시한다.

정렬 확인 후 스타트 시그널

모든 팀원이 제자리에 선 것을 확인한 후, 쿼터백은 "Ready, Set" 등의 스타트 시그널을 외치며 플레이 준비를 완료한다.

스크리미지 라인업(Lineup at Line of Scrimmage)

플레이를 시작하기 전에, 공격팀은 작전 회의(허들)를 통해 다음 플레이 전략을 결정한다. 이후 선수들은 스크리미지 라인(Line of Scrimmage, LOS)이라 불리는 가상의 선위에서 공격팀과 수비팀이 마주 보고 정렬한다.

스크리미지 라인의 역할

스크리미지 라인은 공격과 수비팀이 플레이를 시작하는 기준선이며, 공수 경계선 역할을 한다.

플레이 시작 전 규칙

스냅 전까지는 공격팀과 수비팀 모두 스크리미지 라인을 넘어서는 안 되며, 이를 위반하면 오프사이드 등의 반칙이 선언된다.

스냅 후에는 자유 이동 가능

스냅이 이루어진 순간부터 스크리미지 라인의 제한은 사라지고, 양 팀 모두 자유롭게 상대 진영으로 움직이며 플레이가 진행된다.

3

간이게임 및 연습 방법

① 플래그풋볼 연습 방법

플래그 떼기 게임

훈련 목적

- 민첩성 향상 : 빠른 방향 전환과 반응속도를 통해 민첩성을 기를 수 있다.
- 공간 인지 능력 향상 : 코트 내 상대와의 거리, 위치를 파악하는 능력이 향상된다.
- 운동 능력 향상 : 전신을 사용해 움직이며 기본 체력을 기른다.
- 전략적 사고 발달 : 방어와 공격 모두를 고민하며 전략적인 움직임을 익힐 수 있다.
- 플래그풋볼 룰 익히기 : 게임의 핵심 요소인 플래그 제거 규칙을 자연스럽게 습득하게 된다.

훈련 방법

준비 15m×15m 코트를 설정한다.
참가자 전원은 허리에 플래그 2개를 부착한다.

진행 방식

시작 시그널과 함께 30초간 코트 안을 자유롭게 움직이며 상대의 플래그를 뺏는다. 뺏은 플래그는 손에 들고, 자신의 플래그가 양쪽 다 뺏기면 경기장 밖으로 퇴장한다. 제한시간 종료 후 획득한 플래그 수로 승부를 결정한다.

볼 들고 지그재그 달리기

훈련 목적

풋워크(Footwork), 민첩성(Agility), 방향 전환 능력(Change of Direction)을 향상하기 위한 훈련이다. 선수는 콘 사이를 빠르게 움직이며 스텝을 조정하고, 균형을 유지하면서 속도를 유지해야 한다. 이는 플래그풋볼 스포츠에서 중요한 기술이다.

훈련 방법

각 팀은 4개의 팀으로 나누고, 각 팀원은 차례로 도전하며 한 명씩 출발한다.

진행 방식

시그널과 함께 첫 번째 주자가 출발하고, 장애물을 피하면서 최대한 빠르게 출발 지점으로 도착한다.

도착하면 다음 주자가 출발하는 릴레이 방식으로 진행된다.
모든 팀원이 완주한 후 가장 빠른 팀이 승리한다.

QB 패스 및 WR 캐치 연습

훈련 목적

여러 쿼터백이 와이드 리시버에 패스를 시도하고, 디펜시브 백이 이를 방어하는 패싱 드릴이다. 와이드 리시버에게 기회가 없으면 다른 쿼터백에 패스하며, 잘못 패스하거나, 잘못 받으면 수비(DB)로 전환한다. 이 훈련은 패스 정확도, 리시버의 캐칭 능력, 그리고 수비 커버리지를 향상하는 데 도움이 될 수 있다.

- QB(쿼터백) : 필드의 네 모서리에 각각 쿼터백이 자리 잡고 있다.
- WR(와이드 리시버) : 여러 방향에서 패스를 받기 위해 공간을 확보가 중요하다.
- DB(디펜시브 백) : 와이드 리시버를 마크하며 패스를 방어하려는 디펜시브 백이다.

훈련 방법

QB 중 한 명이 패스를 던질 준비를 하고, WR은 DB의 수비를 피하며 패스를 받을 수 있도록 움직인다. QB는 적절한 시기에 WR에게 패스를 시도하고, WR이 공을 성공적으로 잡으면 점수를 얻고, DB가 패스를 차단하면 수비 성공.

패스 차단 시 전환 순서는 DB → WR → QB로 역할을 교대한다.

풋볼 패스 및 수비 훈련

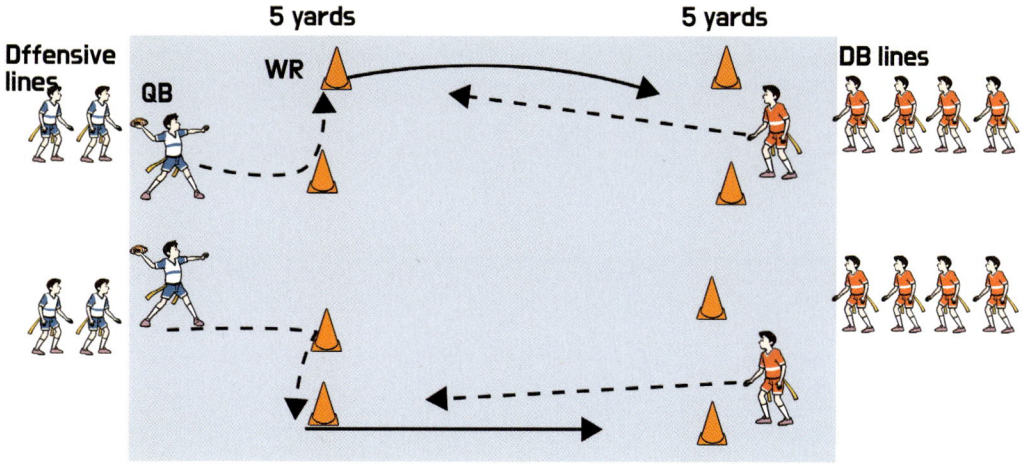

훈련 목적

쿼터백(QB)의 패스 정확도 향상 및 와이드 리시버(WR)의 루트 러닝(Route Running)과 캐칭 능력을 강화하고, 디펜시브 백(DB)의 맨투맨 커버리지(Man-to-Man Coverage) 및 반응 속도를 개선한다.

훈련 방법

왼쪽(Offensive lines, 공격 라인)

공격팀 선수들이 대기하고 있으며, 쿼터백(QB)이 와이드 리시버(WR)에게 패스를 시도한다.

- 와이드 리시버(WR) : 코스를 따라 이동하면서 패스를 받는 역할을 수행한다.
- 디펜시브 백(DB) : 리시버를 따라가면서 패스를 방어하거나 차단하려고 한다.
  콘(cones)이 배치되어 있으며, 선수들은 5야드 간격으로 정해진 경로를 따라 움직이며, 점선은 WR과 DB의 이동 경로를 나타내며, 화살표는 패스가 이루어지는 방향을 보여준다.

오른쪽(DB lines, 수비 라인)

디펜시브 백(DB)들이 차례를 기다리고 있으며, 한 명씩 와이드 리시버와 대결하는 방식이다.

러닝백(RB) 훈련

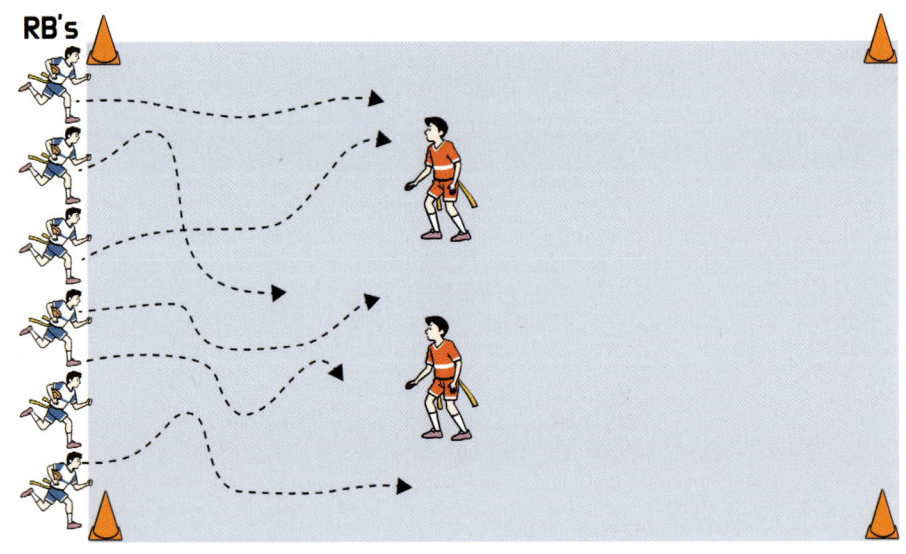

훈련 목적

러닝백의 민첩성(Agility) 및 의사 결정 능력(Decision Making) 향상한다.
수비수를 보면서 최적의 러닝 경로를 빠르게 선택하여, 가속도(Acceleration) 및 방향 전환(Change of Direction)으로 스텝을 바꿔가며 수비수를 벗어나는 기술을 연습한다.

돌파 능력 향상

실제 경기에서 수비수를 피하며 전진할 수 있도록 실전 감각을 기르는 연습
풋워크(Footwork) 및 균형 유지(Balance) 강화
러닝 중 충돌을 피하고, 빠르게 방향을 바꾸는 훈련이 포함된다.

훈련 방법

왼쪽(RB's, 러닝 백 대기 라인)
여러 명의 러닝 백(RB)이 출발을 준비하고 있다.
각 러닝 백은 다양한 경로를 선택할 수 있다.

오른쪽(수비수 & 러닝 경로 선택)

두 명의 수비수(Defensive Players)가 중앙에 서 있다.

수비수를 늘려 난이도 조정(3명 이상 배치)

러닝 백은 수비수를 피하면서 최적의 경로를 선택하여 앞으로 돌파해야 하며, 화살표는 RB들이 수비수를 피해 이동하는 방향을 나타낸다.

패스 패턴 연습법

5야드 컬 패스 패턴

러닝 경로

리시버가 직선으로 5야드 전진한 후, 급하게 뒤로 방향을 바꿔 공을 받으려고 준비하는 움직임 경로이다.

패스 방식

쿼터백이 리시버가 돌아설 타이밍에 맞춰 짧고 빠른 패스를 던진다.

전략적 활용

수비수가 깊이 커버하려 할 때 유리하며, 짧은 거리에서 빠른 타이밍 패스로 공격을 전개할 때 효과적이다.

이 패턴은 짧은 거리에서 안정적인 게임을 목표로 하며, 특히 수비의 압박을 피하면서 공을 빠르게 전달하는 데 유용한 패스 형태이다.

5야드 아웃 패스 패턴

러닝 경로

리시버가 5야드 직진한 후, 90도 방향으로 바깥쪽 사이드라인 방향으로 이동한다.

패스 방식

쿼터백이 리시버가 방향을 틀 때 타이밍을 맞춰 사이드라인 근처로 패스를 던진다.

전략적 활용

수비수를 따돌리고 사이드라인을 활용한 짧고 안전한 패스에 유리하다.
코너백이 리시버를 타이트하게 커버할 때 급격한 방향 전환으로 공간을 만들 수 있고, 터치다운을 노리는 장거리 패턴과 조합하면 효과적이다.
이 패턴은 짧은 거리에서 정확한 타이밍과 빠른 패스가 핵심이다.
특히 사이드라인을 활용하여 수비를 분산시키는 데 유용하다.

포스트 패스 패턴

러닝 경로

리시버가 5야드 직진한 후, 45도 각도로 필드 중앙으로 이동한다.

패스 방식

쿼터백이 리시버가 중앙 방향으로 꺾을 때를 맞춰 공을 던진다.
일반적으로 딥 패스 중장거리 패스로 연결된다.

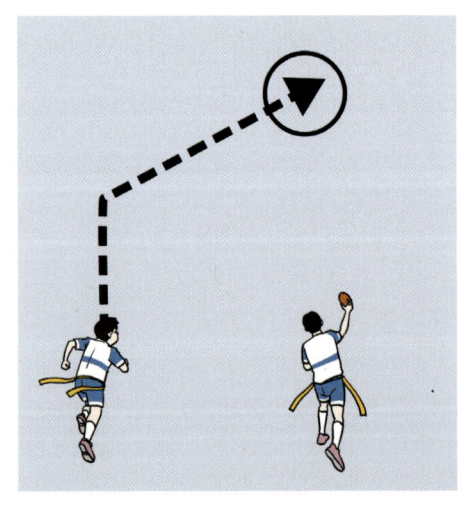

전략적 활용

딥 패스 공격을 위한 대표적인 패턴으로, 수비수를 따돌리고 장거리 야드를 노릴 때 사용된다. 세이프티를 피하거나 중간 수비를 무너뜨리는 데 효과적이다.
딥 아웃이나 코너 패턴과 조합하면 더 강력한 공격 가능하다.
이 패턴은 빠른 리시버가 수비수를 제치고 중앙 필드에서 큰 플레이를 만들기 위해 자주 사용된다. 정확한 타이밍과 강한 패스가 핵심이다.

스트릭 패스 패턴

러닝 경로

리시버가 직선으로 최대한 빠르게 전진한다. 방향 전환 없이 스피드를 유지하며 수비수를 따돌리는 것이 핵심이다.

패스 방식

쿼터백이 리시버가 수비수를 넘어설 때 깊은 패스를 던진다.
롱 패스 위주로 공격하는 패턴이다.

전략적 활용

디펜스를 무너뜨리고 장거리 패스를 노릴 때 효과적이다.
빠른 리시버가 상대 수비수를 따돌릴 때 매우 위협적인 플레이가 될 수 있다.
다른 짧은 패턴과 조합하면 수비를 분산시켜 효과적인 공격이 가능하다.
이 패턴은 플래그풋볼뿐만 아니라 일반 미식축구 택클 풋볼에서도 터치다운을 위한 대표적인 공격 패턴으로 사용된다.

포스트 코너 패스 패턴

러닝 경로

먼저 포스트 방향으로 5~6야드 이동 후 2~3 스텝 이동한 뒤, 급격하게 방향을 틀어 필드의 코너로 달려가는 패턴이다.

패스 방식

쿼터백은 리시버가 포스트 방향으로 속이면서 수비를 따돌린 후, 코너 방향으로 빠르게 움직일 때 타이밍을 맞춰 딥 패스를 던진다.

전략적 활용

세이프티나 코너백을 속이는 데 매우 효과적인 패턴이다.
포스트 방향으로 달리는 척하여 수비수가 안쪽을 커버하게 만든 후, 코너 방향으로 빠르게 전환해 수비를 뚫는 전략이다.
득점권에서 터치다운을 노릴 때 특히 강력한 공격 패턴이다.
이 패턴은 수비수를 속이는 기술과 빠른 방향 전환이 핵심이다.
성공하면 터치다운을 만들 수 있는 위협적인 공격 패스 패턴이다.

5야드 스매쉬 패스 패턴

러닝 경로

리시버가 5야드 직진한 후, 급격하게 바깥쪽 사이드라인 방향으로 방향을 전환한다.
이동 중에는 약간의 지그재그 움직임 펌프 페이크가 포함되면 효과적이다.

패스 방식

쿼터백은 리시버가 방향을 바꿀 타이밍에 맞춰 빠르고 정확한 패스를 던진다.
보통 짧은 거리의 속공 패스로 연결된다.

전략적 활용

짧은 패스게임에서 안정적인 야드를 얻기 위한 패턴이다.
수비수가 깊이 커버할 경우, 이 패턴을 이용해 짧고 빠른 패스로 공간을 공략할 수 있다. 특히 "코너-스매쉬"를 조합하면, 수비의 주의를 분산시키면서 효과적인 패싱 게임을 만들 수 있다.
이 패턴은 주로 짧은 패스에서 확실한 전진을 확보하는 데 사용된다.
수비수를 따돌리고 빠르게 공을 잡는 것이 핵심이다.

펌프 액션 플랫 패스(Pump Action Flat Pass)

펌프 액션(Pump Action)

쿼터백이 처음에는 깊은 패스를 던지는 것처럼 속이며, 이후 짧은 패스로 전환하는 움직임이다.

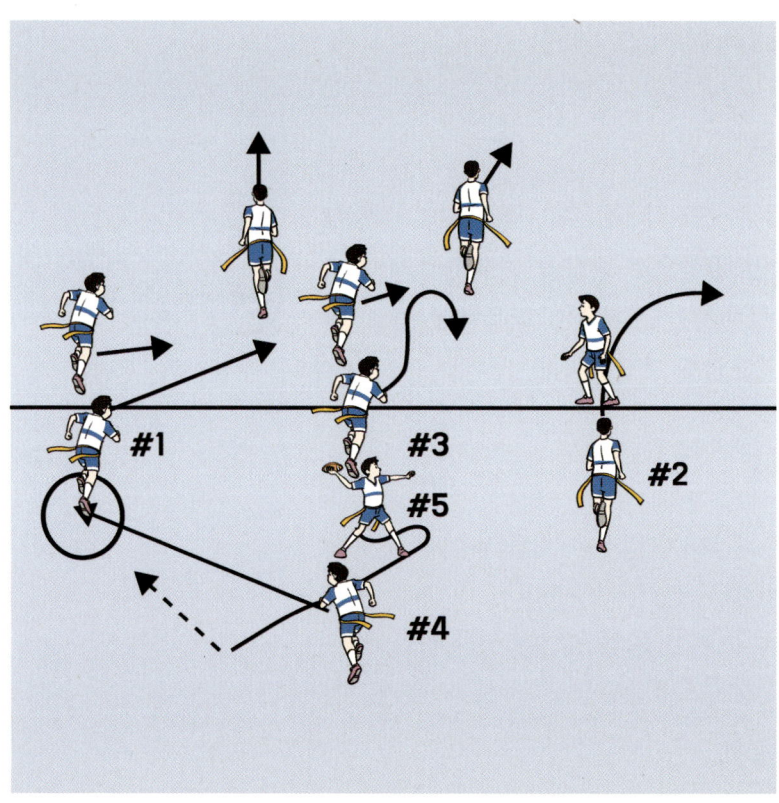

플랫 패스(Flat Pass)

일반적으로 사이드라인 근처의 짧은 패스로, 보통 러닝백(RB)이나 와이드 리시버(WR)에 전달된다.

그림에서는 공격 및 수비 선수들의 이동 경로가 화살표로 표시되어 있으며, 각각의 역할이 번호로 구분되어 있다.

이 전술은 수비수를 속여 공간을 만들고 짧은 패스를 효과적으로 연결하는 전략을 나타내고 있다.

플래그풋볼 간이게임 및 패스 경로 활용

플래그풋볼은 전략과 팀워크가 중요한 스포츠이며, 다양한 간이게임과 패스 경로 연습을 통해 경기력을 향상할 수 있다.

간이게임을 활용하면 실전 감각을 익히고, 상황별 대처 능력을 기를 수 있으며, 반복적인 패스 경로 연습은 선수들의 움직임과 타이밍을 더욱 정교하게 만들어 준다.

중요한 것은 단순한 연습이 아니라, 경기 중 실제로 활용할 수 있도록 실전과 유사한 환경을 조성하는 것이다.

또한, 팀원들과의 원활한 소통과 이해를 통해 패턴 플레이에 숙달하는 그것이 승리의 핵심이 된다.

플래그 떼기

패스 장면

디펜스 전략 요소

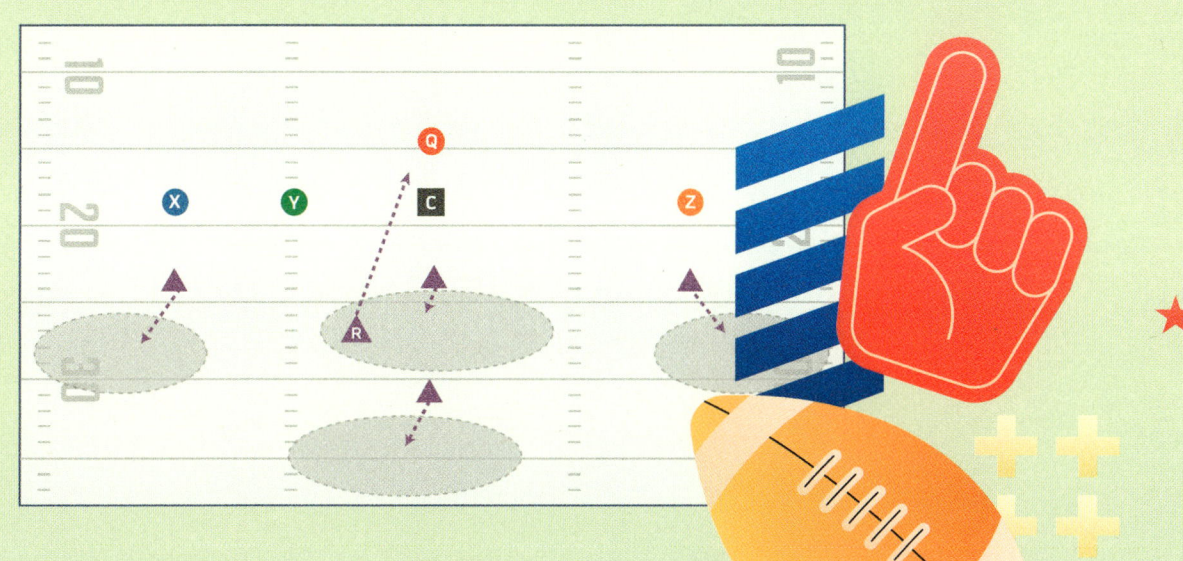

① 디펜스 전략

디펜스 개념

공격팀의 진전을 막고, 공격 권리를 되찾기 위해 플래그를 디플래그 하거나 패스된 볼을 차단하는 역할을 한다.
상대방의 득점을 최소화하고 최대한 빠르게 공의 소유권을 되찾는 것이 목표다.

수비 포메이션과 포지션

블리처(Blitzer) 1~2명

쿼터백을 직접 압박하는 역할
공격이 시작되면 빠르게 쿼터백에 달려가 패스 타이밍을 방해하는 역할
쿼터백이 공을 오래 들고 있을 때 태그(플래그 제거)를 노릴 수 있음.

블리처 대기선(Blitz Line)

스냅 시, 블리처는 러시 라인(Blitz Line) 뒤에 있어야 하며, 볼 지점에서 7야드 정도 떨어진 지점이다.

- 필요한 기술

  빠른 스피드와 반응 속도
  상대를 피하면서도 정확하게 플래그를 제거하는 능력
  쿼터백의 움직임을 읽는 판단력

코너백(Cornerback) 2명

상대의 와이드 리시버(WR)를 직접 마크하며 패스를 방어하고, 주로 사이드라인을 커버하고 긴 패스 차단을 담당한다. 맨투맨 마크 또는 존 디펜스에서 특정 구역을 수비한다.

- 필요한 기술

  빠른 발과 민첩성 WR와 1:1 수비 가능이 요구된다.
  점프력과 공을 쳐 내는 능력과 받기 타이밍과 위치 선정 능력이 우수하여야 한다.

세이프티(Safety) **1명**

필드의 마지막 수비수 역할이며, 긴 패스를 방어하고, 중앙 지역을 커버하며, 러닝 플레이 시 보조 수비 역할을 한다. 필드 전체를 보고 상황에 맞게 위치를 조정하는 역할이다.

- 필요한 기술

  경기 흐름을 읽는 능력

  빠른 전진 속도(공격수가 뚫었을 때 커버 가능)

  패스 인터셉트 능력이 필요

라인백커(Linebacker) **1명**

패스와 러닝 플레이를 모두 견제하는 다목적 수비수

짧은 패스를 방해하거나, 러닝백이 돌파할 때 수비

중앙에서 상대 쿼터백과 러닝백을 예의주시하면서 적절한 대응

- 필요한 기술

  신속한 방향 전환 능력

  위치 선점과 플래그 제거 기술

  상황에 따라 패스 수비와 러닝 수비를 전환하는 판단력

수비의 기본 원칙

효율적인 배치와 역할 수행이다.

공격의 형태와 리시버의 위치에 따라 유연하게 포메이션을 변형한다.

디플래그와 디펜스

디플래그

공을 가진 상대의 플래그를 떼어내는 것

이는 플래그풋볼에서 수비의 핵심이다.

디펜스

플레이의 기초를 다지는 역할로, 상대가 주요 득점 기회를 가지지 못하도록 방어선을 설정한다.

수비 전략

상대방의 움직임을 관찰하고, 팀원들과 커뮤니케이션을 통해 적절한 대응을 해야 한다. 공격 유형 패스 중심, 러닝 중심에 따라 다른 포메이션을 사용한다.

수비 대형

수비 대형의 구성

세이프티(Safety, SF)
필드의 마지막 방어선 역할
주로 상대의 긴 패스를 차단하거나 중요한 순간에 공을 탈취하는 임무를 수행한다.

코너백(Cornerback, CB)
주로 리시버를 마크하며, 패스를 차단한다.

코너백 과 세이프티 차이점

항목	코너백 (CB)	세이프티 (S)
위치	사이드라인 근처	수비 뒷 라인 중앙
역할	리시버 1:1 마크	후방 커버 및 러싱 대응
커버 방식	주로 맨투맨	주로 존
반응 대상	리시버 중심	리시버 및 러닝백 전체 플레이

라인배커(Linebacker, LB)
패스와 러닝 플레이를 모두 견제하는 다재다능한 역할
수비의 중심을 잡고 상대방의 주요 공격 루트를 봉쇄한다.

라인배커의 종류와 역할

종류	약칭	설명
미들 라인배커 (Middle LB)	MLB Mike	수비의 리더, 전체 플레이 지휘 러시와 패스 모두 커버
아웃사이드 라인배커 (Outside LB)	OLB Sam & Will	외곽 러닝 수비 블리츠, 패스 커버 등 다양한 역할
스트롱사이드 라인배커 (Strong-side LB)	Sam	쿼터백 및 러닝백의 엔드런 이동 방향 수비
위크사이드 라인배커 (Weak-side LB)	Will	빠른 속도로 커버 범위 넓음 리시버 커버

블리처(Blitzer)

쿼터백의 패스를 방해하며 공의 빠른 전달을 막는다.

플래그풋볼에서는 쿼터백의 플래그 제거(Sack) 또는 쿼터백의 플레이 방해

상황별 활용

패스 중심의 팀에 대응

세이프티와 코너백이 패스 차단에 중점을 두며, 라인배커는 중간 거리의 패스와 러닝에 대비한다

러닝 중심의 팀에 대응

라인배커가 러닝 루트를 봉쇄하며, 세이프티는 마지막 방어선을 구축한다.

일반 규칙 비교(플래그풋볼 vs 미식축구)

항목	플래그풋볼	미식축구
접촉	허용되지 않음	태클 가능
목표	플래그 제거	쿼터백 태클(Sack)
위치 제한	7야드 라인 뒤	없음(다양한 위치에서 가능)
블리처 수	보통 1명(최대 2명)	상황에 따라 다양

수비의 자세와 스타트

자세의 중요성

수비에서 자세는 신체 균형과 빠른 반응속도를 위해 매우 중요하다.
적절한 자세를 통해 수비 선수는 상대 공격의 움직임에 신속하게 대응할 수 있다.

자세의 기본자세

자세의 기본자세는 어깨너비로 발을 벌려 안정성을 확보하고, 무릎을 약간 구부려 균형과 기동성을 높이며, 양팔을 편안하게 준비하여 빠른 반응을 가능하게 하는 것이다.

자세 유형

라인배커(LB)
러닝 플레이와 패스 커버를 동시에 대비할 수 있는 중간 자세를 유지한다. 공격의 러닝 루트를 예상하며 앞으로 강하게 출발한다. 상대 쿼터백이 패스를 시도하면 빠르게 뒤로 움직여 커버한다.

코너백(CB)
상대 리시버를 가까이 마크하기 위해 낮은 자세를 취하며, 순간적으로 방향을 바꿀 수 있도록 준비한다. 리시버의 움직임을 주시하며 상대방의 방향 전환에 민첩하게 반응한다. 리시버의 패턴(슬랜트, 고, 아웃 등)에 따라 몸의 각도를 조정하며 대응한다.

세이프티(SF)
후방에서 넓은 필드를 관찰하며 긴장 상태를 유지한다. 뒤에서 필드 전반을 읽으며, 상대방의 긴 패스를 대비하여 균형 잡힌 스타트를 한다.
러닝 플레이가 시작되면 전진하여 빠르게 플레이에 참여한다.

백페달(backpedal)

백페달은 수비에서 중요한 기초 기술로, 수비 선수가 상대의 움직임에 맞춰 뒤로 물러나면서도 상대를 관찰하고 빠르게 반응할 수 있는 자세와 동작이다.

주로 코너백(CB)과 세이프티(SF) 포지션에서 활용되며, 상대 리시버의 움직임을 따라가거나 패스를 방어하기 위한 중요한 방법이다.

백페달의 주요 특징

균형 유지
몸의 중심을 낮추고 발을 빠르게 움직이며 뒤로 이동한다.
뒤로 이동하면서도 앞을 계속 바라보며 상대의 움직임에 집중하고, 빠른 반응을 위해 리시버의 방향 전환에 즉각적으로 대응할 수 있도록 준비한다.
리시버가 앞으로 치고 나오는 경우, 순간적으로 방향을 바꾸어 달릴 수 있어야 한다.

백페달의 기본자세
발은 어깨너비로 벌리고 무릎은 살짝 굽힌 상태에서 짧고 빠른 스텝으로 뒤로 이동한다.
발뒤꿈치가 너무 높게 들리지 않도록 하여 안정적으로 이동하며, 몸의 균형 유지를 위해 상체를 약간 앞으로 기울이며, 시선은 상대를 주시한다.

백페달 활용 상황

리시버가 패스 경로를 시작할 때, 코너백이나 세이프티가 리시버와 일정 거리를 유지하며 뒤로 이동한다.
리시버의 움직임에 따라 적절한 속도로 물러나다가, 패스를 방해하거나 플래그 제거를 시도한다.

플레이 리딩(Play Reading)

수비에서 플레이 읽기의 중요성

플레이 리딩은 상대 팀의 움직임과 의도를 예측하고, 수비 위치를 조정하는 기술이다. 수비 선수가 경기 흐름을 읽고 적절히 대응할 수 있는 능력을 개발하는 것이 목표다.

플레이 리딩의 핵심 요소

쿼터백의 움직임 관찰
쿼터백의 시선과 몸의 방향을 통해 패스나 러닝 플레이를 예측한다.

리시버의 동작 분석
리시버의 첫 스텝과 방향 전환을 관찰하여 루트를 파악하고, 리시버가 슬랜트, 아웃, 또는 고 루트를 시도하는지 예측한다.

팀워크와 커뮤니케이션
수비 팀원 간의 소통을 통해 누가 어떤 리시버를 맡을지 명확히 정한다.
상대 팀의 포메이션을 읽고 수비 전략을 즉시 수정한다.

플레이 리딩의 훈련 팁

실제 경기 시뮬레이션
상대 팀의 다양한 공격 포메이션을 재현하여 수비팀의 반응속도를 높인다.
상대 팀의 플레이를 기록한 영상을 보며 패턴과 습관을 파악한다.

의사결정 연습
훈련 중 예상치 못한 상황에 직면했을 때, 수비 포지션을 즉각 조정하는 연습을 한다.

패스 디펜스의 기술

패스 디펜스
상대의 패스를 방해하거나 차단하여 공격의 성공을 저지하는 기술이다.
코너백(CB), 세이프티(SF), 라인배커(LB) 등 다양한 수비 포지션에서 중요한 역할을 한다.

패스 디펜스의 세 가지 방법

가로채기(Interception)
공이 공중에 떠 있을 때, 수비 선수가 공을 직접 잡아내어 공격권을 가져온다. 가로채기는 공격을 무력화시킬 뿐만 아니라 수비팀에게 즉각적인 반격 기회를 제공한다.

패스 디플렉션(Deflection)
공이 리시버에 도달하기 전에 손이나 팔을 사용하여 공의 궤적을 바꾸거나 차단한다. 패스 디플렉션은 상대 공격의 흐름을 방해하는 효과적인 방법이다.

리시버 커버(Coverage)
리시버의 움직임에 밀착하여 패스를 받지 못하도록 커버하고, 상대 리시버의 패턴을 읽고 적절한 위치에서 수비한다.

효과적인 패스 디펜스의 전략

리시버의 움직임 관찰
상대 리시버의 눈과 몸의 방향을 통해 패스 경로를 예측한다.

위치 선정
리시버와 공의 궤적 사이에서 최적의 위치를 차지하여 패스를 커버한다.

타이밍
공이 리시버에 도달하기 직전에 정확한 타이밍으로 개입하여 패스를 차단한다.

훈련 방법

가로채기 훈련
공중에서 날아오는 공을 잡아내는 연습을 통해 반응 속도를 개선한다.

패스 경로 예측
상대 리시버의 패턴과 속임 동작을 파악하며 패스 경로를 예측한다.

팀워크 강화
다른 수비수들과의 커뮤니케이션을 통해 협력하여 패스를 효과적으로 방어한다.

❷ 수비 포메이션(Formation)

맨투맨 커버리지(Man-to-Man Coverage)

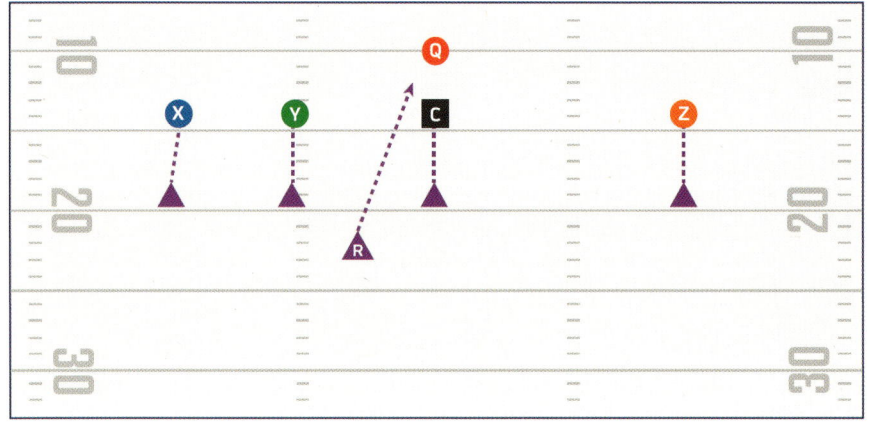

각 수비 선수가 특정 리시버를 직접 마크하며, 1:1 대응을 수행한다.
리시버의 모든 움직임을 따라가며 패스를 차단한다.

맨투맨 커버리지의 특징

리시버 밀착
수비 선수는 리시버와 일정한 거리를 유지하며, 리시버의 움직임에 밀착해 따라다닌다. 리시버의 첫 스텝에서 방향을 파악하고, 예상 루트를 따라간다.

공과 리시버에 대한 집중
수비 선수는 리시버의 움직임뿐 아니라, 공이 쿼터백의 손에서 나오는 순간을 동시에 주시하고, 공이 리시버에 도달하기 전에 개입하거나, 패스를 방해하기 위해 최적의 위치를 차지한다.

상대의 속임 동작 대응
리시버가 사용하는 페이크(속임 동작)에 속지 않고, 자신의 위치와 균형을 유지하는 것이 중요하다.

훈련 및 전략

리시버 추적 연습
다양한 리시버 루트 슬랜트, 고 루트, 아웃 루트 등을 따라가며, 움직임을 추적하는 연습을 한다.

반응 속도 강화
공이 쿼터백의 손에서 나오는 순간과 리시버의 방향 전환에 즉각 반응할 수 있도록 훈련한다.

의사소통
수비 팀원 간의 명확한 커뮤니케이션을 통해 누가 어떤 리시버를 맡는지 역할을 분담한다. 만약 수비 범위를 벗어난 리시버가 있을 때, 세이프티가 이를 커버해야 한다.

맨투맨 커버리지의 장점

효율적인 리시버 방어
리시버의 움직임을 따라다니며 1:1로 밀착 방어하기 때문에 패스 차단 확률이 높다.

공간 커버
각 수비수가 자신의 영역보다 리시버의 움직임에 초점을 맞추어 전체 필드를 커버한다.

상대 속임수에 강함
리시버의 페이크에 속지 않고 움직임을 예측하여 안정적인 수비를 제공한다.

한계점 및 보완

에너지 소모
수비 선수가 리시버와 계속 따라다녀야 하므로 체력 소모가 많다. 이를 보완하기 위해 수비 로테이션을 적절히 활용해야 한다.

속도 차이
상대 리시버가 수비수보다 빠를 경우, 간격을 유지하는 것이 어려울 수 있다.
이 경우 세이프티가 추가로 지원해야 한다.

존 커버리지(Zone Coverage)

수비 선수가 특정 지역(존)을 커버하며, 그 지역으로 들어오는 리시버를 방어한다.
여러 명의 수비수가 협력하여 리시버의 패스를 방해한다.

존 커버리지의 구성과 역할

코너백(CB)
필드의 외곽을 책임지며, 사이드라인 가까운 지역의 리시버를 방어하고, 리시버가 짧은 패스 경로를 시도하면 이를 차단한다.

라인배커(LB)
중간 영역(미들 존)을 방어하며, 러닝백의 움직임을 주시한다.
중거리 패스와 러닝 플레이에 대응한다.

세이프티(SF)
후방을 넓게 커버하며, 긴 패스 차단에 집중한다.

코너백이나 라인배커가 커버하지 못하는 영역을 보조한다.

존 커버리지의 장점

협력 수비
여러 수비수가 서로 협력하여 넓은 필드를 효과적으로 커버한다.
리시버의 갑작스러운 방향 전환에도 유연하게 대응할 수 있다.

공간 통제
특정 리시버가 아닌, 필드의 중요한 공간을 통제함으로써 상대 패스를 제한한다.

체력 소모 감소
맨투맨 커버리지보다 한 명의 리시버를 계속 따라다니지 않아 수비수의 체력 소모를 줄일 수 있다.

존 커버리지의 단점

리시버 간 협동 플레이에 취약
리시버가 협력하여 한 영역에 몰려들거나, 갑작스러운 속임 동작으로 영역을 벗어나는 경우 방어가 어려울 수 있다.

개별 수비수의 의사결정
수비수는 자신의 영역을 떠나지 않으면서도, 리시버의 움직임과 공의 흐름을 동시에 판단해야 하므로 고도의 판단력이 필요하다.

존 커버리지 운영 전략

영역 정의
수비팀은 필드를 여러 존으로 나누어 각 수비수에게 책임 영역을 분담한다.
일반적으로 cover 1, cover 2, cover 3, cover 4 같은 형태로 구성된다.

쿼터백 관찰
수비수는 쿼터백의 눈과 몸의 방향을 관찰하여 패스가 향할 위치를 예측한다.

리시버 동작 분석

리시버가 특정 존으로 들어오면, 해당 존의 수비수가 즉각적으로 반응하여 방어한다. 만약 리시버가 영역을 벗어나면, 인접 존의 수비수와 협력하여 계속 방어를 이어간다.

소통과 협력

존 커버리지는 팀워크가 핵심이므로, 수비수들 간의 명확한 의사소통이 필요하다. 리시버가 빠르게 이동할 경우, 인접한 수비수에게 "넘겨주는" 방식으로 대응해야 한다.

훈련 방법

영역 방어 연습

필드를 여러 존으로 나누고, 수비수들이 각자의 영역에서 역할에 숙달하도록 훈련한다.

리시버 전달 훈련

리시버가 한 존에서 다른 존으로 이동할 때, 수비수들 간의 협력과 인계 과정을 연습한다.

상황별 시뮬레이션

다양한 공격 포메이션에 따라 수비수를 배치하고, 존 커버리지가 효과적으로 작동하는지를 점검한다.

FLAG COVER 1 지역방어

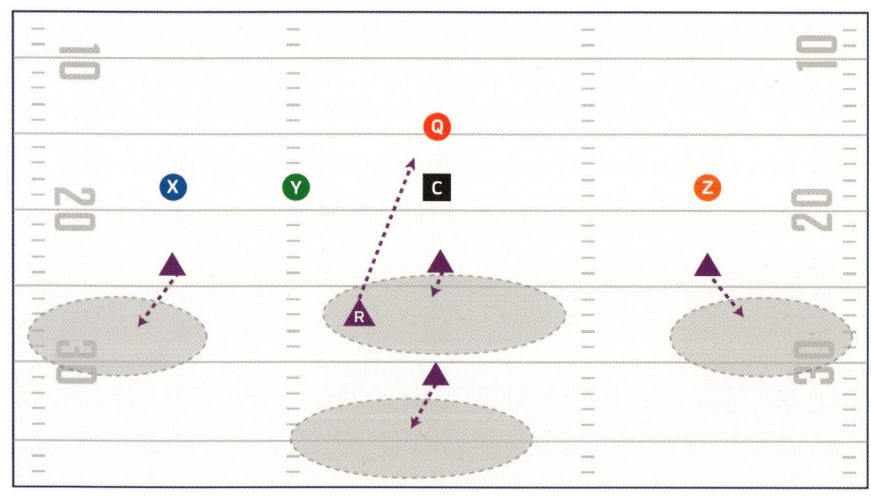

기본 개념

- 1명의 러셔(R)가 쿼터백(Q)을 압박
- 1명의 딥 세이프티가 필드 중앙 깊은 지역 커버
- 나머지 수비수들은 맨투맨 커버리지를 수행

수비 선수 역할

러셔(R)

- 쿼터백(Q)을 압박하여 빠른 패스 또는 러닝을 견제함.
- 1명의 딥 세이프티가 필드 중앙 깊은 지역에서 롱 패스를 막어
- 나머지 수비수들은 공격 리시버(X, Y, Z)를 1대1로 마크하여 패스를 차단

장점

- 러셔(R)의 강한 압박으로 인해 쿼터백이 여유롭게 플레이하기 어려움.
- 1명의 딥 세이프티가 후방을 보호하여 깊은 패스를 차단
- 강한 맨투맨 마크로 인해 짧은 패스 및 러닝 공격을 효과적으로 방어

단점

- 리시버들이 크로스 패턴으로 움직이면 커버가 힘들 수 있음.
- 러셔(R)가 쿼터백 압박에 실패하면 긴 패스를 허용할 위험이 있음.
- 존 커버리지가 부족하여 측면 패스를 허용할 가능성 높음.

커버 1 수비 활용법

- 러셔(R)가 강하게 쿼터백을 압박하는 것이 핵심!
- 세이프티가 중앙을 확실하게 보호하며 긴 패스를 견제!
- 코너백(맨투맨 커버 담당 수비수)들이 자신의 마크를 철저히 따라가야 함!

> FLAG COVER 1 은 공격의 패스를 강하게 견제하면서도 쿼터백을 압박하는 균형 잡힌 수비 전술이다. 리시버가 빠르게 움직이는 경우, 커뮤니케이션을 통해 빠른 전환이 중요하다.

FLAG COVER 2 지역방어

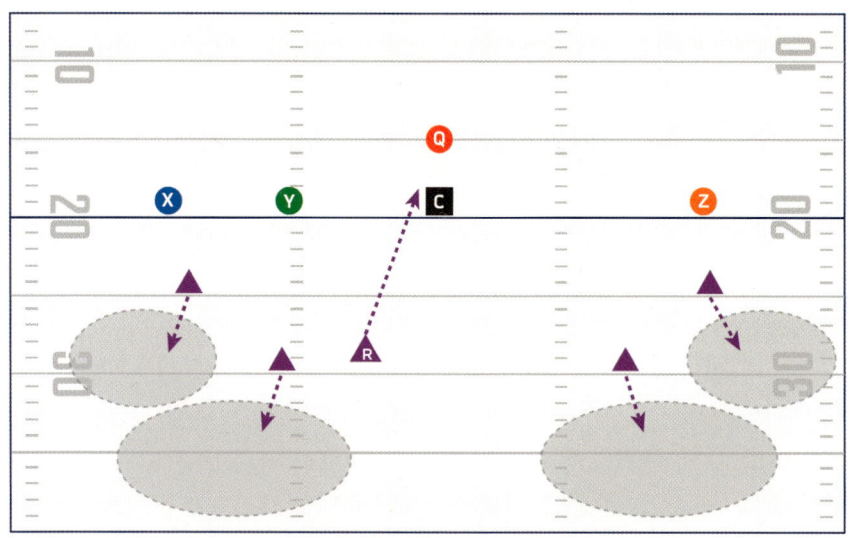

기본 개념

- 2명의 딥 세이프티가 필드 후방을 커버
- 수비 라인백커 및 코너백이 짧은 지역(zone) 커버리지 수행
- 1명의 러셔(R)가 쿼터백(Q)을 압박

수비 선수 역할

- 러셔(R)가 쿼터백을 강하게 압박하여 빠른 의사결정을 강요
- 2명의 딥 세이프티는 필드 후방을 이등분하여 깊은 패스를 차단
- 수비 백 및 라인백커는 중간 및 짧은 패스를 방어하는 존(zone) 커버리지를 수행

장점

- 긴 연결을 방어하는 데 효과적(딥 세이프티 2명 배치)
- 수비 균형이 좋아 러닝과 패스에 모두 대응 가능
- 짧은 패스 경로를 존 커버리지를 통해 차단 가능

단점

- 중앙 필드 깊은 지역(세이프티 사이 공간)이 취약할 수 있음.
- 수비수 간의 커뮤니케이션이 중요(커버리지 혼란 발생 가능)
- 수비백이 각자 맡은 존을 효과적으로 커버하지 못하면 공간이 열릴 위험

커버 2 수비 활용법

- 러셔(R)가 쿼터백을 강하게 압박하여 긴 연결 타이밍을 망가뜨려야 함!
  - 두 명의 세이프티가 필드 후방을 안전하게 커버하도록 위치 조정 필수!
  - 수비수 간 빠른 커뮤니케이션이 중요!
- 존 커버리지 사이 공간을 최소화해야 함!

FLAG COVER 2 는 안전한 딥 패스 방어를 제공하면서도 중간 및 짧은 패스를 효과적으로 막을 수 있는 전술이다.

FLAG COVER 3 지역방어

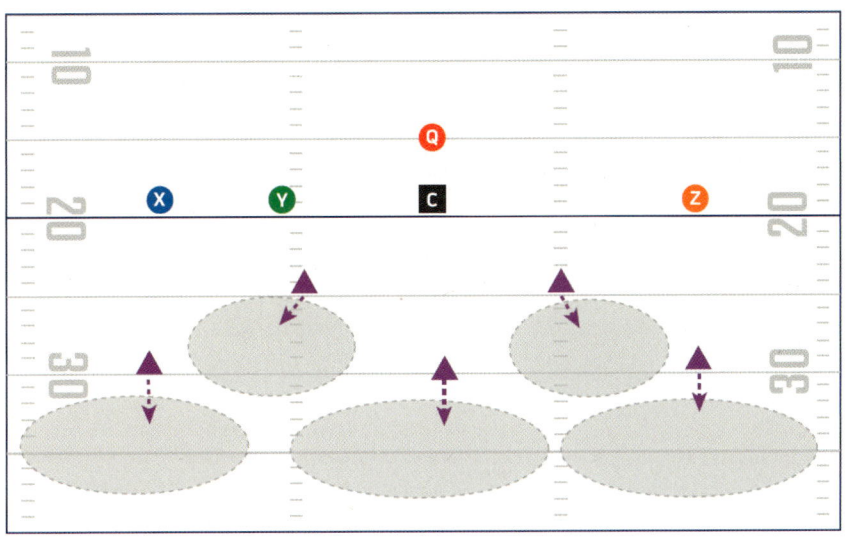

커버 3의 기본 원칙

- 3명의 딥 수비수(세이프티+2명의 코너백)가 필드 후방을 커버
- 라인백커와 러셔가 중간 및 짧은 패스/러닝 플레이를 방어
- 러셔(R)는 쿼터백(Q)에 압박을 가해 빠른 수행결정을 강요

선수별 역할

- 3명의 딥 수비수 → 필드 깊숙한 3개 구역을 담당
- 러셔(R) → 쿼터백 압박
- 나머지 수비수 → 중간 및 짧은 패스를 방어하는 존 커버리지 수행

장점

- 긴 연결을 효과적으로 방어(3명의 딥 커버리지가 배치됨)
- 중앙 지역에서 빠르게 수비 대응 가능
- 다양한 변형이 가능하여 공격 패턴에 따라 변형 가능

단점

- 짧은 패스 공격에 취약(특히, 커트 패스 & 슬랜트 패스)
- 커버 3 존 간격이 넓어지면 수비 헛점이 발생할 수 있음.
- 수비수 간의 신속한 커뮤니케이션이 필수!

커버 3 수비 전략

- 러셔(R)가 쿼터백을 강하게 압박하여 긴 패스 타이밍을 방해해야 함.
- 딥 수비수는 항상 뒤쪽을 먼저 신경 쓰며 움직여야 함.
- 짧은 패스를 허용하되, 태클을 빠르게 수행하여 추가 전진을 막아야 함.

FLAG COVER 3은 깊은 패스를 효과적으로 방어하는 전략이며, 강한 러셔가 있을 때 더 효과적이다. 짧은 패스와 러닝 플레이에 대비한 빠른 수비 대응이 중요하다!

FLAG COVER 4 지역방어

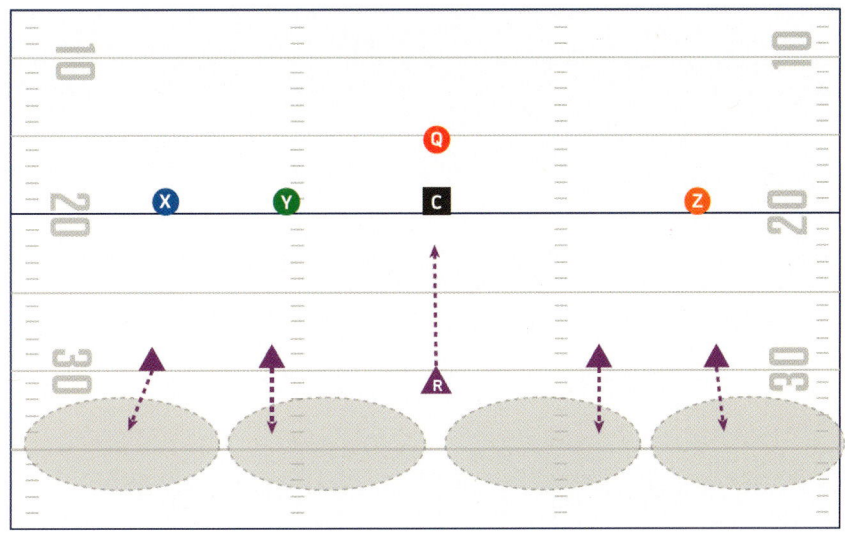

커버 4의 기본 원칙

- 4명의 딥 수비수가 각각 1/4 구역을 커버(롱 패스 방어 강화)
- 러셔(R)가 쿼터백(Q)에 압박을 가해 패싱 타이밍을 줄임.
- 짧은 패스와 러닝 플레이는 수비수들이 빠르게 반응하여 최소한의 야드만 허용

선수별 역할

- 4명의 딥 수비수 → 필드 깊숙한 4개 구역을 담당
- 러셔(R) → 쿼터백 압박
- 하위 수비수(2~3명) → 짧은 패스 & 러닝 플레이 방어

장점

- 딥 패스를 효과적으로 차단(롱 패스 중심의 공격에 강함)
- 필드 후방을 균등하게 커버하여 큰 플레이 방지
- 커버 3보다 깊은 패스 대응력이 뛰어남

단점

- 짧은 패스 & 러닝 플레이에 취약
- QB가 빠르게 판단하면 중간 지역이 비기 쉬움
- 수비수들의 빠른 반응과 협력이 필수

커버 4 수비 전략

- 러셔(R)가 QB를 압박하여 긴 패스를 시도할 시간을 줄여야 함.
- 딥 커버리지는 항상 자신의 구역을 유지하며 깊이 있는 패스를 방어해야 함.
- 하위 수비수들이 빠르게 앞쪽으로 반응하여 짧은 패스를 막아야 함.

FLAG COVER 4 는 딥 패스 차단에 매우 효과적인 수비이지만, 짧은 패스를 허용할 가능성이 높다. 짧은 패스를 유도한 후, 빠르게 태그 하는 것이 핵심 전략임.

5

플래그풋볼 루트 분석

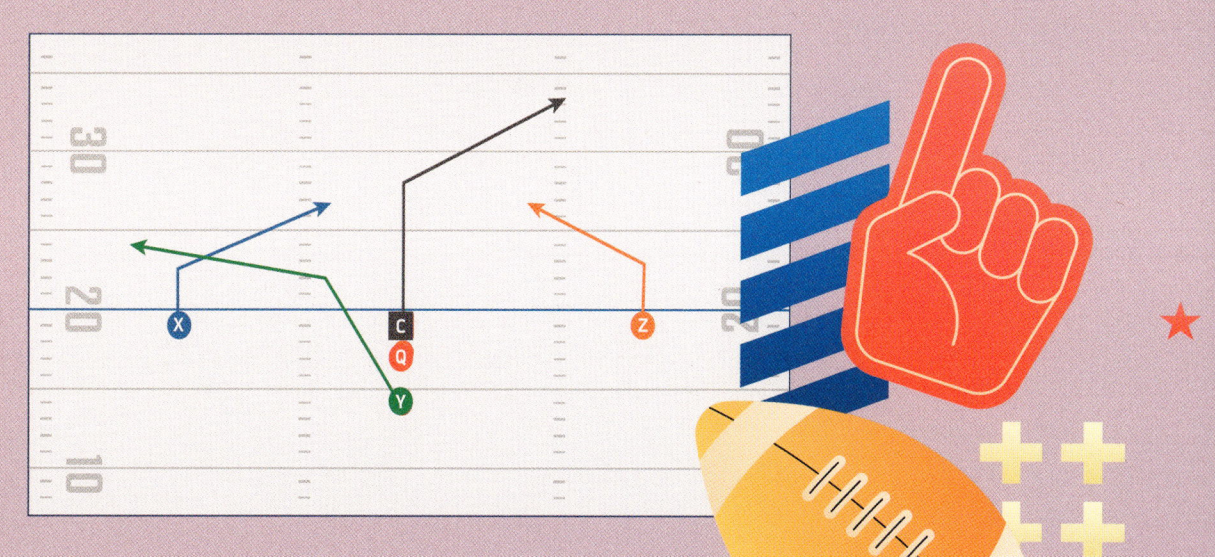

① 플래그풋볼 루트 개념

플래그풋볼에서 루트(Route)는 패스에서 리시버가 달려가는 경로를 뜻한다. 루트는 패스 공격의 핵심 요소이며, 리시버는 특정한 루트를 따라 달려서 쿼터백(QB)의 패스를 받는다.

기본 루트 유형

플래그풋볼에서는 미식축구와 유사한 루트 개념을 사용하며, 대표적인 루트는 다음과 같다.

핫 루트(Hot Route)

매우 짧고 빠른 루트로, 쿼터백이 상대 수비의 압박을 피하려고 즉시 던지는 패스를 받기 위한 경로다.

숏 루트(Short Route)

훅(Hook) 또는 히치(Hitch) 루트
5~7야드 전진 후 멈추고 뒤로 돌아 패스를 받는 루트

아웃(Out) 루트
5~10야드 전진 후 사이드라인 쪽으로 90도 꺾이는 루트

인(In) 또는 드래그(Drag) 루트
5~10야드 전진 후 필드 중앙 방향으로 90도 꺾이는 루트

미들 루트(Medium Route)

슬랜트(Slant) 루트
대각선 방향(45도)으로 빠르게 달려가면서 패스를 받는 루트

코너(Corner) 루트
10~15야드 전진 후 필드 바깥쪽으로, 45도(사선 방향)로 달리는 루트

포스트(Post) 루트
10~15야드 전진 후 필드 중앙에서 45도(사선 방향)로 달리는 루트

딥 루트(Deep Route)

고(Route Go) 또는 플라이(Fly) 루트
직선으로 빠르게 달려서 깊은 패스를 받는 루트

페이드(Fade)
사이드라인을 따라 곡선을 그리며 달리는 루트

루트 선택의 중요성

상대 수비의 위치와 움직임을 분석하여 적절한 루트를 선택하는 것이 중요하다. 짧은 루트는 빠른 패스를 위한 전략이고, 긴 루트는 터치다운을 위한 전략이다. 다양한 루트를 조합하면 공격의 예측 가능성을 줄일 수 있다.

❷ 패스 트리(Pass Tree)

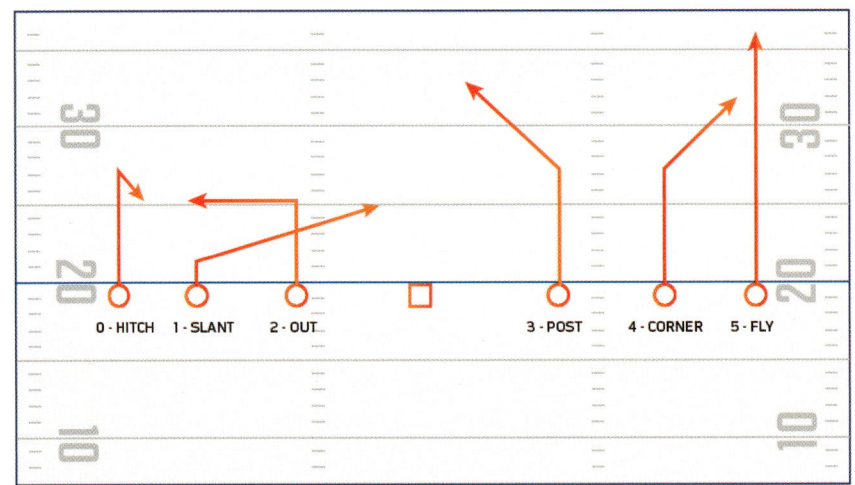

플래그풋볼에서 사용되는 패스 경로를 보여준다.
각 숫자는 특정 패스 경로를 나타내며, 해당 경로가 필드에서 어떻게 실행되는지를 표현하고 있다.

0 - 히치(Hitch)
짧은 거리로 나아갔다가 즉시 멈추고 돌아오는 패스 경로다.
수비수를 속이고 빠르게 패스를 받을 때 유용하다.

1 - 슬랜트(Slant)
짧은 거리로 앞으로 나아가면서 안쪽 대각선 방향으로 달리는 루트다.
빠른 패스 공격을 위해 자주 사용된다.

2 - 아웃(Out)
일정 거리 앞으로 이동한 후 수직 방향에서 바깥쪽으로 꺾이는 루트다.
사이드라인 근처에서 패스를 받을 때 유용하다.

3 - 포스트(Post)
일정 거리 전진 후 필드 중앙을 향해 대각선으로 달리는 루트다.

깊은 패스를 노릴 때 사용된다.

4 - 코너(Corner)

전진 후 바깥쪽 대각선으로 이동하는 루트다. 터치다운을 노리는 플레이에서 자주 사용된다.

5 - 플라이(Fly, Go Route)

직선으로 전속력 질주하여 깊은 패스를 받는 루트다.
수비수를 제치고 빠른 선수에게 유리한 패턴이다.

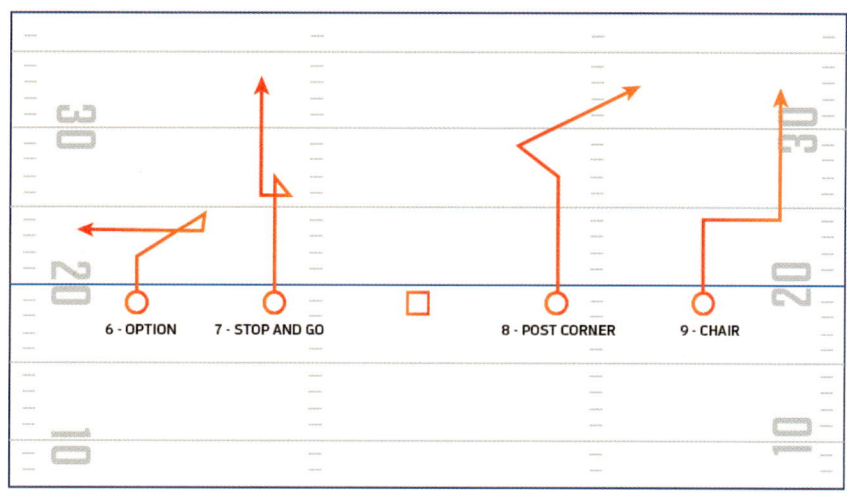

6 - 옵션(Option Route)

리시버가 수비수의 움직임에 따라 루트를 조정할 수 있는 패턴
보통 짧은 거리에서 수비수의 위치에 따라 안쪽(slant) 또는 바깥(out)으로 빠지는 선택
수비수의 반응을 보고 최적의 공간으로 이동하는 전략적인 루트다.

7 - 스톱 앤 고(Stop and Go)

리시버가 짧게 멈추는 동작을 취한 후, 갑자기 다시 깊게 달려 나가는 루트다.
수비수를 속여 순간적인 공간을 만들어 큰 플레이를 노리는 패턴이다.

8 - 포스트 코너(Post-Corner)

포스트 루트(대각선 안쪽 이동)로 출발한 후, 갑자기 바깥쪽 코너 방향으로 꺾이는 패턴이다.

수비수를 속여 반대 방향으로 이동하게 만드는 기술적인 루트다.
필드 사이드에서 깊은 패스를 받기에 적합한 경로다.

9 – 체어(Chair Route)

리시버가 짧게 아웃(Out) 방향으로 움직였다가 다시 위로 직진하는 루트다. 일종의 'Z'자 모양을 그리며 이동하는 패턴이며, 수비수를 끌어당긴 후 빠르게 세로 방향으로 속도를 높이는 전략이 포함된다.

③ 주요 패스 경로

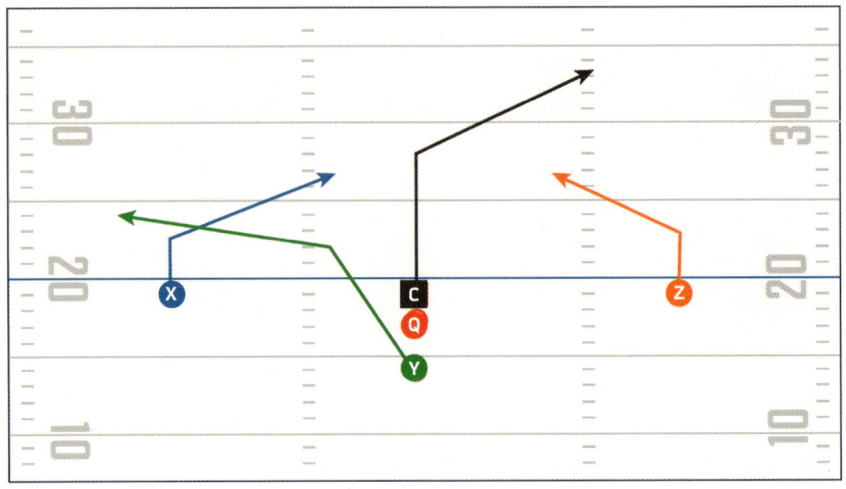

SINGLE BACK PLAY 1

"SINGLE BACK PLAY 1"로, 싱글백 포메이션에서 실행되는 패스 중심의 공격 전략이다.

선수별 역할 분석

X(블루) – 인-앤-슬랜트(In-and-Slant)

X 선수는 처음에 3야드 정도 직진으로 진입하다가 다시 안쪽(오른쪽)으로 방향을 튼다. 이는 상대 수비를 속여 공간을 창출하거나 빠른 패스 대상이 될 수 있는 루트다.

Y(그린) – 각진 아웃 루트(Angle Out Route)

Y 선수는 백 필드에서 시작해 처음에는 안쪽으로 달리다가 필드 왼쪽 측면으로 빠지고, 이는 수비를 분산시키면서 짧은 안전한 패스 옵션을 제공하는 역할을 한다.

Z(오렌지) – 짧은 컷 루트(Short Cut Route)

Z 선수는 짧은 거리에서 컷인을 하는 루트를 수행하며, 쿼터백(Q)의 빠른 패스 옵션이 될 수 있다.
보통 Z 선수는 중·단거리 패스에서 중요하며, 슬랜트 패턴과 비슷한 임무를 수행할 수 있다.

C(센터) – 보호 후 릴리즈(Protection then Release)

센터는 스냅 후 패스 보호하다가 특정 상황에서는 포스트 루트로 나간다.
중앙에서 오른쪽 직선 방향으로 움직이면서 패스 역할을 한다.

Q(쿼터백)

스냅을 받고 여러 루트를 확인하면서 적절한 패스 옵션을 선택해야 한다.
- 1차 옵션 : Z(짧은 거리 패스)
- 2차 옵션 : X(사이드라인 패스)
- 3차 옵션 : Y(백 필드에서 나오는 패스)

플레이 전략 분석

이 플레이는 X와 C 선수가 오른쪽 측면으로 움직이며 수비를 분산시키고, 그 틈에 Z 선수가 공간을 확보하도록 설계된 전술이다. 패스는 짧고 안전한 방향으로 주고받으며, Z와 Y 선수가 가까운 거리에서 공을 받을 수 있도록 구성되어 있다.
이를 통해 수비진의 움직임을 유도하고, 위험 부담을 최소화한다.
또한, X, Y, Z 선수의 루트가 거의 동시에 형성되기 때문에, 쿼터백은 2~3초 이내에 빠르게 패스 결정을 내려야 한다.

- 딥패스 : 센터 루트
- 중거리 패스 : X, Y 루트
- 짧은 패스 : Z 루트

다양한 옵션이 준비되어 있어 상황에 따라 유연하게 선택할 수 있다.

전체적으로 짧고 중거리 패스를 중심으로 수비를 흔들고, 쿼터백의 빠른 판단력을 통해 최적의 타이밍에 패스를 연결하는 것이 핵심인 전략이다.
특히 X와 Y의 움직임이 수비를 넓게 퍼뜨리며 Z에게 오픈 찬스를 만들어내는 패턴이 주요 포인트다.

SPREAD PLAY 1

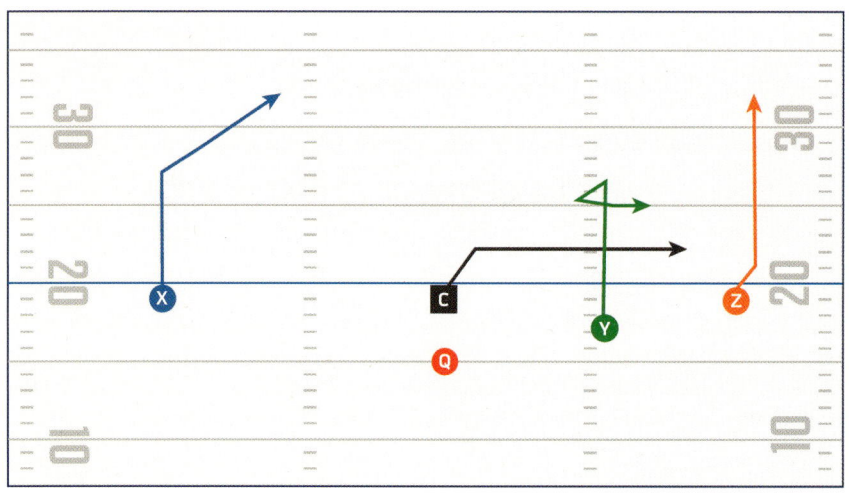

Spread Play 1, 리시버(X, Y, Z)의 루트와 쿼터백(Q)의 역할을 보여준다.
"Spread"형 포메이션은 필드를 넓게 활용하여 수비를 분산시키고, 여러 패스 옵션을 만들어내는 전략적 경기 형태다.

선수별 역할 분석

X 리시버(파란색) - 코너(Route 4)

X 리시버는 직선으로 몇 야드를 달린 후, 필드 코너 방향으로 이동한다.

이는 코너백을 따돌리고 깊은 패스를 받기 좋은 위치를 확보하는 루트다. 수비가 존(Zone) 디펜스를 사용하고 있을 때 효과적이다.

Y 리시버(초록색) - 옵션(Route 6 변형)

Y 리시버는 먼저 직선으로 몇 야드를 달린 후, 순간적으로 멈춰서 수비수를 읽은 뒤 움직이는 형태다.

선택지는 두 가지다. 안쪽으로 짧게 컷(슬랜트), 바깥쪽으로 짧게 컷(아웃).

이 패턴은 리시버가 수비수의 움직임을 보고 유리한 방향으로 변경할 수 있도록 하는 플레이다.

Z 리시버(주황색) - 스텝 후 플라이(Route 5)

Z 리시버는 짧게 측면(Out 방향)으로 움직였다가, 다시 직선으로 깊게 질주하는 Go/Fly 루트를 수행한다.

이는 수비수를 교란하고, 깊은 패스를 위한 옵션을 만들기 위한 루트다.

빠른 리시버가 사용하면 매우 위협적인 루트가 될 수 있다.

센터(C) - 슬랜트 아웃(Route 2)

센터(C)는 공을 스냅 한 후 짧게 앞으로 움직인 뒤, 필드 아웃을 가로지르는 루트를 수행한다. 빠른 패스 옵션으로, 짧은 거리에서 안정적인 패스를 받을 수 있도록 설계되었다.

쿼터백(Q) - 리드 패서 역할

쿼터백(Q)은 공을 받고 수비를 읽으면서, 가장 적절한 옵션을 선택한다.

빠른 패스를 원하면 센터(C) 또는 Y 리시버를 선택, 중거리 패스를 원하면 X 리시버를 활용하고, 깊은 패스를 원하면 Z 리시버에 긴 패스를 던질 수 있다.

플레이 전략 분석

이 플레이는 짧은 거리 패스와 깊은 패스 옵션을 조합한 전략이다.

센터(C)와 Y 리시버는 짧고 빠른 패스 옵션을 통해 안정적으로 야드를 얻을 수 있도록 설계되어 있으며, 동시에 X와 Z 리시버는 필드 깊숙이 침투해 큰 플레이로 연결될 수 있는 딥패스 옵션을 제공한다. 또한, X와 Z 리시버가 측면과 깊은 지역으로 퍼져나가면서 수비를 넓게 분산시키는 효과가 있다.

그에 따라 중앙에 공간이 열릴 가능성이 높아지고, Y 리시버의 짧은 루트 선택지는 수비가 비는 구간을 빠르게 파고들 기회를 만들어낸다.

결과적으로, 짧은 패스를 통한 안정적인 전진과 한 번에 많은 야드를 가져올 수 있는 깊은 패스가 함께 구성된 플레이로, 쿼터백이 수비의 움직임을 빠르게 읽고 최적의 선택을 하는 것이 핵심이다.

BUNCH PLAY 1

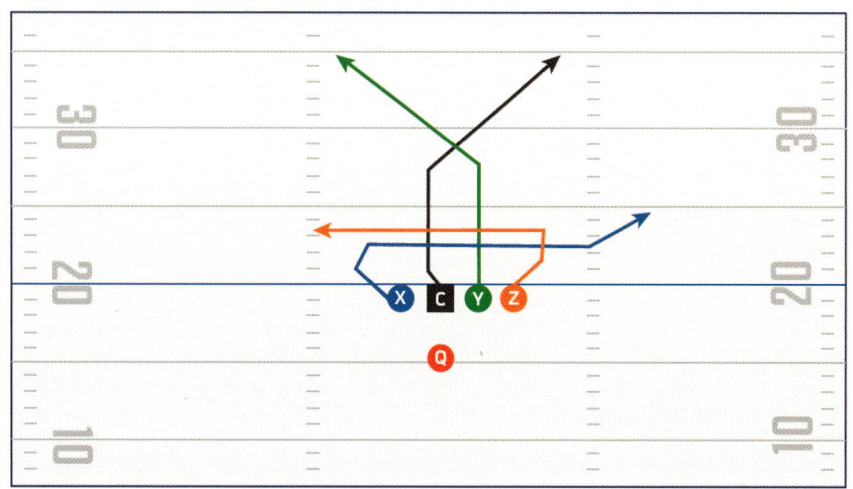

Bunch Play 1, 공격팀이 "Bunch" 포메이션을 활용하는 패스 플레이다. Bunch 포메이션은 리시버들이 서로 가까운 위치에서 출발한 후, 다양한 방향으로 퍼져 수비를 혼란스럽게 만드는 전략이다.

선수별 역할 분석

X 리시버(파란색) - 아웃 & 업(Out & Go)

X 리시버는 짧게 아웃(Out) 방향으로 이동한 후, 다시 수직으로 빠르게 질주하는 Out & Go 루트를 수행한다.

이는 코너백이 짧은 패스를 예상하도록 유도한 뒤, 깊은 패스를 연결할 수 있도록 설계된 루트다.

Y 리시버(초록색) - 포스트(Route 3)

Y 리시버는 중앙으로 몇 야드를 전진한 후, 필드 대각선 포스트 방향으로 달리는 루트를 실행한다.

이 루트는 깊은 패스를 위한 옵션을 제공하며, 세이프티의 위치에 따라 수비를 무너뜨릴 수 있다.

Z 리시버(주황색) – 플랫(Route 2 변형)

Z 리시버는 짧은 거리로 전진한 후, 수평으로, 바깥쪽으로 이동하는 패턴을 수행한다. 이는 짧은 패스 옵션을 제공하며, 빠른 턴 후 전진하여 몇 야드를 추가로 벌어들일 수 있다.

센터(C) – 딥 크로스(Deep Cross)

센터는 스냅 후 직선으로 몇 야드를 전진한 후, 필드를 가로지르는 크로스(Cross) 루트를 수행한다.

이 루트는 중앙 수비를 흔들며, 수비의 집중을 다른 방향으로 유도하는 역할을 한다.

쿼터백(Q) – 리드 패서 역할

쿼터백(Q)은 공을 받고 수비의 움직임을 분석하며 최적의 패스 대상을 결정해야 한다.
- 짧은 & 빠른 패스 : Z 리시버(플랫 루트)
- 중거리 옵션 : 센터(C) 또는 X 리시버
- 깊은 패스 : Y 리시버(포스트 루트)

플레이 전략 분석

이 플레이는 짧은 패스와 깊은 패스 옵션을 적절히 조합한 전략이다.

Z 리시버와 센터(C)는 짧은 거리에서 안정적으로 패스를 받아 빠른 공격을 전개할 수 있는 옵션을 제공한다.

X 리시버와 Y 리시버는 필드 깊숙이 침투해 빅 야드를 노릴 수 있는 깊은 패스 경로를 담당한다.

또한, Bunch 포메이션을 활용해 수비수들이 좁은 공간에 모이도록 유도한 뒤, 리시버들이 서로 다른 방향으로 흩어지면서 수비의 마크를 혼란스럽게 만드는 효과가 있다. 특히 X 리시버의 Out & Go 패턴과 Y 리시버의 포스트 루트는 수비 뒷공간을 공략할 수 있는 핵심 루트로, 깊은 패스 연결을 위한 중요한 전술 요소다.

결국 이 플레이는 짧은 패스로 안정적인 야드를 가져가거나, 수비가 흔들린 틈을 타 한 번에 많은 야드를 얻을 수 있는 깊은 패스를 노릴 수 있도록 설계된 균형 잡힌 전략이다.

TRIPS PLAY 1

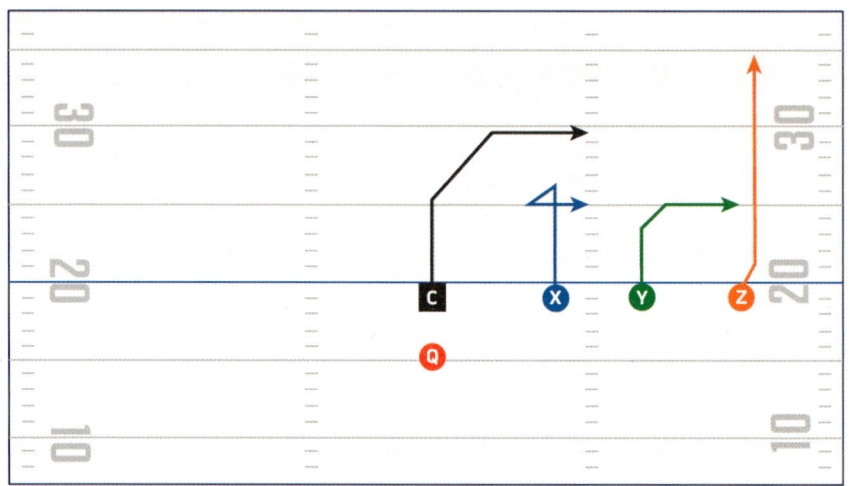

Trips Play 1, "Trips" 포메이션을 기반으로 하는 패스다. Trips 포메이션은 3명의 리시버를 한쪽에 배치하여 수비의 균형을 무너뜨리고 여러 패스 옵션을 제공하는 전략이다.

선수별 역할 분석

X 리시버(파란색) - 아웃(Route 2)

X 리시버는 직선으로 몇 야드를 전진한 후, 바깥쪽으로 꺾이는 아웃(Out) 루트를 수행한다.

짧은 패스를 받을 수 있는 좋은 옵션이며, 쿼터백이 압박을 받을 때 빠르게 던질 수 있는 대상이다.

Y 리시버(초록색) - (Route 6 변형)

Y 리시버는 직선으로 몇 야드를 전진한 후, 필드 중앙을 향해 짧게 이동하는 아웃(Out) 루트를 수행한다.

이는 중앙 지역에서 패스를 받을 수 있는 옵션으로, 수비가 Trips 포메이션을 따라가면서 빈 곳을 만들 가능성이 있다.

Z 리시버(주황색) - 플라이(Route 5)

Z 리시버는 직선으로 전력 질주하는 플라이(Go) 루트를 수행한다.

이 루트는 깊은 패스를 노리는 패턴으로, 수비수를 한쪽으로 끌어들이는 역할도 수행한다. 만약 상대 수비가 Z 리시버를 방어하려고 깊게 내려가면, X나 Y 리시버가 오픈될 가능성이 높아진다.

센터(C) - 딥 아웃(Route 3 변형)

센터는 스냅 후 직선으로 몇 야드를 전진한 후, 깊이 있는 바깥쪽으로 꺾이는 딥 아웃(Deep Out) 루트를 수행한다.

이는 중거리 패스를 위한 옵션이며, 쿼터백이 패스를 던지기에 적절한 각도를 형성할 수 있다.

쿼터백(Q) - 리드 패서 역할

쿼터백(Q)은 공을 받고 수비의 움직임을 분석하면서 최적의 패스 옵션을 찾아야 한다.
- 짧고 빠른 패스 : X 리시버(아웃) 또는 Y 리시버(인)
- 중거리 패스 : 센터(C)
- 깊은 패스 : Z 리시버(플라이)

플레이 전략 분석

이 플레이는 짧은 패스와 깊은 패스 옵션이 혼합된 공격 패턴이다.

X 리시버와 Y 리시버는 짧은 거리에서 안정적으로 패스를 받아 빠른 야드를 노릴 수 있는 옵션을 제공하고, Z 리시버는 플라이 루트를 통해 수비 뒷공간을 위협하며 깊은 패스 연결을 노릴 수 있다.

또한 센터(C)는 딥 아웃 루트를 통해 중거리 패스 옵션을 제공하며, 수비가 깊은 패스에 대비하면 중앙 지역에서 공간을 만들어낼 수 있다.

이 플레이는 Z 리시버의 플라이 루트로 인해 수비가 뒷공간을 방어하려 내려가면, 자연스럽게 X와 Y 리시버가 짧은 구간에서 오픈될 가능성이 높아진다.

특히 Trips 포메이션을 활용해 한쪽에 리시버들이 몰려 있기 때문에, 수비의 시선과 숫자가 쏠리며 반대쪽 공간이 열릴 수 있는 효과도 기대할 수 있다.

TWINS PLAY 1

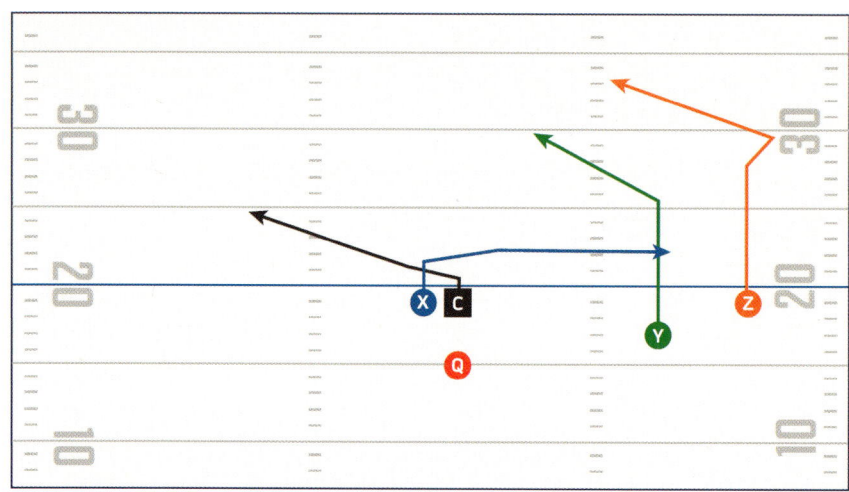

Twins Play 1, "Twins" 포메이션을 기반으로 한 패스다.
Twins 포메이션은 한쪽에 두 명의 리시버를 배치하여 다양한 패턴을 실행할 수 있도록 설계된 공격 전술이다.

선수별 역할 분석

X 리시버(파란색) – 아웃(Route 2 변형)

X 리시버는 직선으로 전진한 후, 바깥쪽으로 꺾이는 아웃(Out) 루트를 실행한다.
쿼터백이 빠르게 던질 수 있는 짧은 패스 옵션이며, 짧고 안정적인 야드를 노릴 수 있다.

Y 리시버(초록색) – 포스트(Route 3)

Y 리시버는 몇 야드를 전진한 후, 필드 중앙을 향해 대각선으로 이동하는 포스트(Post) 루트를 실행한다.
깊은 패스를 위한 옵션으로, 특히 세이프티가 다른 리시버를 따라가면 오픈될 가능성이 크다.

Z 리시버(주황색) – 코너(Route 4)

Z 리시버는 직선으로 전진한 후, 바깥쪽으로 꺾이며 코너 방향으로 이동하는 코너(Corner) 루트를 실행한다.
깊은 패스를 노릴 수 있으며, 사이드라인에서 패스를 받기 좋은 위치를 만들 수 있다.

센터(C) - 크로스(Route 2 변형)

센터는 스냅 후 짧게 전진한 후, 필드 중앙을 가로지르는 크로스(Cross) 루트를 실행한다. 중앙에서 쿼터백이 짧고 빠르게 던질 수 있는 안전한 패스 옵션 역할을 한다.

쿼터백(Q) - 리드 패서 역할

쿼터백(Q)은 공을 받고 수비의 움직임을 분석하면서 가장 적절한 패스 대상을 찾아야 한다.

- 짧고 빠른 패스 : X 리시버(아웃) 또는 센터(C)
- 중거리 패스 : Y 리시버(포스트)
- 깊은 패스 : Z 리시버(코너)

플레이 전략 분석

이 플레이는 짧은 패스와 깊은 패스 옵션이 조화된 공격 패턴이다.

X 리시버와 센터(C)는 짧은 패스를 통해 안정적으로 전진할 수 있는 선택지를 제공하며, Y 리시버와 Z 리시버는 필드 깊숙이 침투해 큰 야드를 노릴 수 있는 딥 패스 옵션을 담당한다.

전술적으로 Y 리시버가 중앙으로 침투하면서 수비수들을 끌어당기면, 자연스럽게 X와 Z 리시버가 오픈될 가능성이 높아진다.

특히 X 리시버의 코너 루트와 Z 리시버의 포스트 루트가 함께 사용되면, 수비는 사이드라인과 중앙 깊은 지역을 동시에 커버해야 해 대응이 어려워진다.

이에 따라 수비진의 혼란을 유도하고, 쿼터백에 다양한 패스 선택지를 제공한다.

TWINS STACK PLAY 1

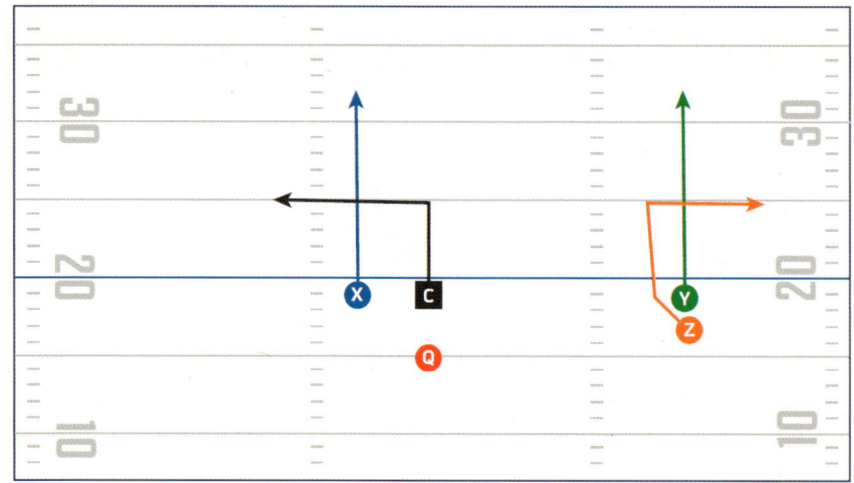

Twins Stack Play 1, "Twins Stack" 포메이션을 활용한 패스를 나타낸다. Twins Stack 포메이션은 두 명의 리시버를 한 줄로 정렬하는 전략, 빠른 패스, 크로싱 루트, 그리고 수비의 혼란을 유도하는 공격 전략이다.

선수별 역할 분석

X 리시버(파란색) - 스템 후 업(Route 5 변형)

X 리시버는 먼저 수평으로 이동하는 동작(스템)을 수행한 후, 그대로 수직으로 질주하는 플라이(Go) 루트를 실행한다.
이 루트는 깊은 패스를 위한 옵션으로, 수비수가 짧은 패스를 예상하고 움직이면 오픈될 가능성이 크다.

Y 리시버(초록색) - 스틱

Y 리시버는 짧게 전진한 후, 중앙을 향해 직선으로 이동하는 스틱(Stick) 루트를 수행한다. 중거리 패스 공격을 위한 옵션으로, 수비가 깊은 패스를 방어하려 하면 짧은 패스를 받을 수 있다.

Z 리시버(주황색) - 아웃(Route 2 변형)

Z 리시버는 짧은 거리로 전진한 후, 바깥쪽으로 이동하는 아웃(Out) 루트를 수행한다. 쿼터백이 빠르게 던질 수 있는 짧은 패스 옵션으로 활용된다.

센터(C) - 크로스

센터는 스냅 후 짧게 앞으로 이동한 후, 필드 중앙을 가로지르는 크로스(Cross) 루트를 실행한다.

중앙에서 쿼터백이 짧고 빠르게 던질 수 있는 안전한 패스 옵션 역할을 한다.

쿼터백(Q) - 리드 패서 역할

쿼터백(Q)은 공을 받고 수비의 움직임을 분석하면서 가장 적절한 패스 대상을 찾아야 한다.

- 짧고 빠른 패스 : Z 리시버(아웃) 또는 센터(C)
- 중거리 패스 : Y 리시버(스틱)
- 깊은 패스 : X 리시버(플라이)

플레이 전략 분석

이 플레이는 짧은 패스와 깊은 패스 옵션이 혼합된 공격 패턴이다.

Z 리시버와 센터(C)는 짧은 패스를 통해 안정적으로 전진할 수 있는 선택지를 제공하며, X 리시버와 Y 리시버는 필드 깊숙이 침투해 공격적인 딥 패스 옵션을 담당한다. 전술적으로 X 리시버가 플라이 루트를 통해 깊은 패스를 위협하면, 수비가 뒷공간 방어를 위해 깊게 이동하게 된다.

그 결과, Z와 Y 리시버가 짧은 구간에서 오픈될 가능성이 높아진다.

특히 Twins Stack 포메이션을 활용해 리시버들이 좁은 지역에서 시작한 뒤 동시에 여러 방향으로 퍼지면, 수비수가 마크 대상을 혼동하게 되어 수비 배치에 혼란을 주는 효과가 있다.

DOUBLE BACK PLAY 1

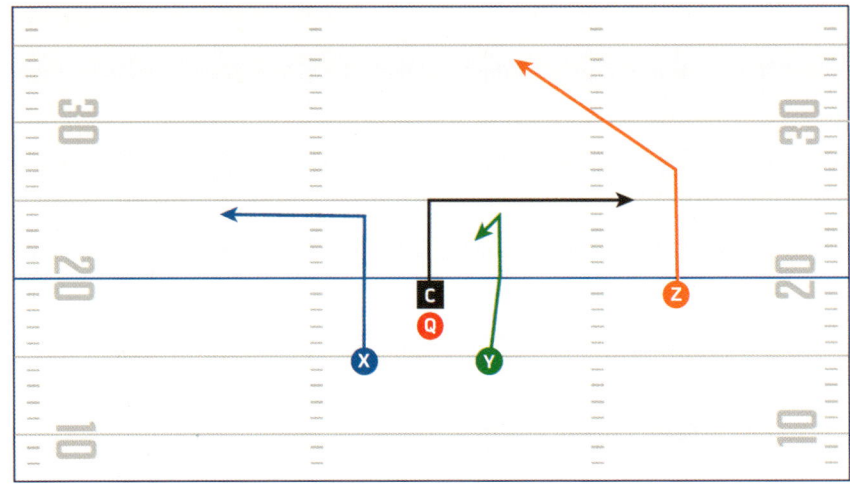

Double Back Play 1, "Double Back" 포메이션을 활용한 패스를 나타낸다. Double Back 포메이션은 두 명의 백 필드 선수를 배치하여 러닝과 패스 옵션을 균형 있게 운영하는 전략으로, 수비를 혼란스럽게 만들 수 있는 장점이 있다.

선수별 역할 분석

X 리시버(파란색) - 아웃(Route 2)

X 리시버는 몇 야드를 직선으로 전진한 후, 바깥쪽으로 꺾이는 아웃(Out) 루트를 실행한다.
짧고 빠른 패스를 받을 수 있는 옵션으로, 쿼터백이 압박을 받을 때 빠르게 던질 수 있는 선택지다.

Y 리시버(초록색) - 히치(Hitch)

Y 리시버는 직선으로 몇 야드를 전진한 후, 수비의 움직임을 보고 안쪽으로 꺾을 수 있는 히치(Hitch) 루트를 실행한다.
이 루트는 라인배커와의 1대 1 맞대결에서 유리하게 활용될 수 있으며, 짧은 패스 공격에 효과적이다.

Z 리시버(주황색) - 포스트

Z 리시버는 직선으로 전진한 후, 안쪽 포스트 방향으로 이동하는 루트를 수행한다.

깊은 패스를 받기 위한 옵션이며, 특히 바깥쪽을 커버할 때 유리한 공간을 만들 수 있다.

센터(C) - 아웃(Out)

센터는 스냅 후 짧게 앞으로 이동한 후, 필드 중앙을 가로지르는 크로스 루트를 실행한다. 중앙에서 쿼터백이 짧고 빠르게 던질 수 있는 안전한 패스 옵션 역할을 한다.

쿼터백(Q) - 리드 패서 역할

쿼터백(Q)은 공을 받고 수비의 움직임을 분석하면서 가장 적절한 패스 대상을 찾아야 한다.

- 짧고 빠른 패스 : Y 리시버(옵션) 또는 X 리시버(아웃)
- 중거리 패스 : 센터(C)
- 깊은 패스 : Z 리시버(포스트)

플레이 전략 분석

이 플레이는 짧은 패스와 깊은 패스 옵션이 조합된 공격 패턴이다.

Y 리시버와 센터(C)는 짧은 패스를 통해 안정적으로 전진할 수 있는 선택지를 제공하며, X 리시버와 Z 리시버는 깊은 패스를 통해 한 번에 큰 야드를 노릴 수 있는 공격적인 옵션을 담당한다.

또한 Twins Stack 포메이션을 활용해 리시버들이 좁은 지역에서 출발한 뒤 서로 다른 방향으로 빠르게 퍼지면서, 수비수들의 마크 대상을 혼란스럽게 만들어 공간을 효과적으로 창출하는 전략이다.

④ 러닝 루트 분석

러닝 플레이는 일반적으로 공을 쿼터백(QB) 또는 러닝백(RB)이 잡고 직접 뛰거나, 핸드오프를 받아 전진하는 전술이다.
러닝 플레이북 부분에서는 다양한 전략을 설명한다.

HB DIVE

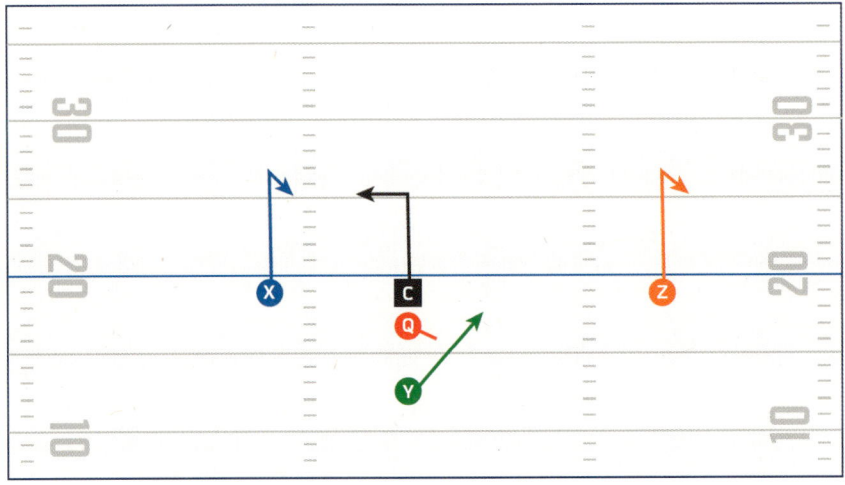

HB Dive는 가장 기본적인 러닝 플레이 중 하나로, 공을 가진 러닝백(HB, Y)이 빠르게 대각선으로 돌진하여 짧고 강력한 야드를 노리는 전략이다.

선수별 역할 분석

쿼터백(Q) - 핸드오프

쿼터백(Q)은 스냅을 받은 후, 즉시 러닝백(Y)에게 핸드오프를 한다.
이 과정은 빠르게 이루어져야 하며, 수비가 대응할 시간을 최소화하는 것이 중요하다.

러닝백(Y) - 중앙 돌파(Dive)

러닝백(Y)은 공을 받은 후, 가장 빠른 경로로 돌파한다.

목표는 짧고 강한 야드를 노리며, 수비수가 반응하기 전에 최대한 전진하는 것이다.

센터(C) - 블리처를 제외한 스크린 지원

센터(C)는 스냅 후 즉시 중앙을 향해 움직이며, 라인배커 또는 수비의 경로를 지연하는 역할을 한다.

지연 또는 스크린을 성공적으로 수행하면, 러닝백(Y)이 저항을 받지 않고 필드를 전진할 수 있다.

X 리시버(파란색) - 짧은 인 루트

X 리시버는 몇 야드를 전진한 후 안쪽으로 살짝 꺾이는 짧은 인 루트를 실행한다. 이는 패스처럼 보이게 하는 역할을 하며, 수비수를 분산시킨다.

Z 리시버 (주황색) - 짧은 아웃 루트

Z 리시버는 몇 야드를 전진한 후 바깥쪽으로 꺾이는 짧은 아웃 루트를 실행한다. 이 역시 수비를 분산시키는 역할을 한다.

플레이 전략 분석

러닝백(HB)에게 핸드오프가 빠르게 이루어지며, 3~5야드 정도의 안정적인 야드를 노리는 전략이다.

핸드오프 동작이 짧고 간결하게 이루어져 수비가 대응하기 전에 러닝백이 라인 스크리미지를 통과할 수 있도록 설계되어 있다.

또한 외곽에 배치된 X, Z 리시버가 각자의 패턴으로 움직이며 수비수를 바깥쪽으로 끌어내어, 중앙 러닝 공간을 더욱 확보하는 효과도 기대할 수 있다.

효과적인 상황

- 하프라인 등 짧은 거리 상황
- 수비가 패스에 대비해 뒤로 물러나 있는 상황
- 러닝백이 강한 피지컬과 직진 돌파력을 갖추고 있을 때
- 짧고 안정적인 야드를 통해 공격 흐름을 이어가는 데 필수적인 러닝 전술

CROSSBUCK

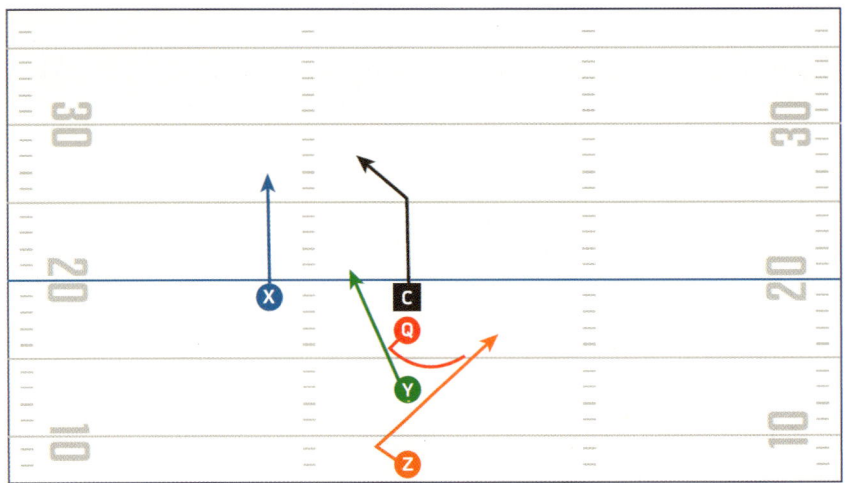

Crossbuck(크로스벅)은 속임수(run fake) 요소를 포함한 러닝 전략으로, 두 명의 러닝백 또는 리시버가 교차하는 움직임을 통해 수비를 혼란스럽게 만드는 전술이다.

선수별 역할 분석

쿼터백(Q) - 핸드오프 페이크 후 리버스 핸드오프

쿼터백(Q)은 처음에는 Y 리시버에게 핸드오프 할 것처럼 속이는 동작을 한다. 이후 Z 리시버에 공을 건네는 리버스 핸드오프를 수행한다.
이 과정에서 수비는 첫 번째 러닝백(Y)에게 집중할 가능성이 높아, Z 리시버가 상대적으로 열린 공간을 이용할 수 있다.

Y 리시버(초록색) - 가짜 러닝백 역할

Y 리시버는 앞으로 뛰면서 공을 받을 것처럼 행동하여, 수비를 끌어당기는 역할을 한다. 실제로는 공을 받지 않고, 센터 근처에서 가짜 움직임을 취한 후 차단 임무를 수행할 수도 있다.

Z 리시버(주황색) - 리버스 러닝백

Z 리시버는 처음에는 반대 방향으로 움직이지만, 쿼터백에 핸드오프를 받은 후 바깥쪽으로 빠르게 달린다.
목표는 오픈된 필드에서 수비수를 피해 사이드라인을 따라 전진하는 것이다.

X 리시버(파란색) - 세이프티 딥 루트

X 리시버는 필드 중앙을 향해 몇 야드를 전진한 후, 세이프티를 끌어들이는 세이프티 딥 루트를 실행한다.

이를 통해 수비수들이 중앙이나 깊은 패스를 예상하도록 유도하여, 러닝 공간을 확보하는 데 도움을 준다.

센터(C) - 크로스 스크린 블로킹

센터는 스냅 후 즉시 중앙 수비수를 스크린으로 블로킹 임무를 수행한다.

이를 통해 러닝백(Y)과 리버스 러닝백(Z)이 열린 공간을 만들 수 있도록 돕는다.

플레이 전략 분석

이 플레이는 속임수 동작과 사이드라인 활용을 통해 수비의 균형을 무너뜨리는 러닝플레이, Crossbuck이다.

플레이의 핵심은 첫 번째 가짜 핸드오프(Play Fake)를 통해 수비가 Y 리시버 쪽으로 반응하게 유도한 뒤, 반대 방향에서 Z 리시버가 실제로 공을 들고 달려 나가는 구조다. 이를 통해 수비가 방향을 잃고, 러닝 코스에 공간이 생기게 된다.

추가로, X 리시버가 딥 루트를 실행해 세이프티를 끌어내면 러닝 공간이 더 넓어지고, Y 리시버는 블로킹 구실을 해 Z 리시버가 외곽으로 빠르게 진출할 수 있도록 지원한다. Z 리시버는 핸드오프 이후 사이드라인을 따라 달리는 루트를 선택하여, 수비수가 좁은 각도에서 추격하게 만들어 태그를 어렵게 만든다.

효과적인 상황

- 수비가 중앙 러닝을 예측할 때
- 수비가 적극적으로 블리츠를 시도할 때
- 필드 폭을 넓게 활용하고 싶을 때
- 빠른 러닝백(Z 리시버)을 보유하고 있을 때
- Crossbuck은 수비의 흐름을 반대로 유도하고, 사이드라인을 적극적으로 활용해 큰 야드를 노릴 수 있는 효과적인 러닝 전략

END AROUND

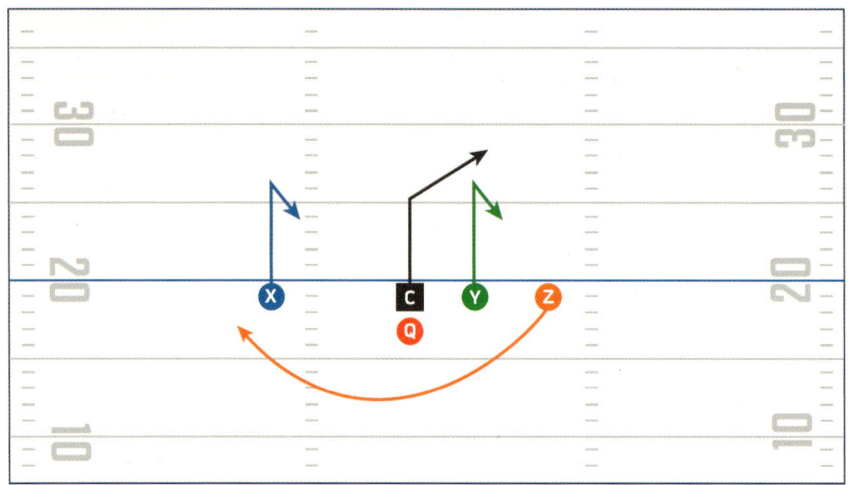

End Around는 일반적으로 리시버(Z)가 쿼터백(Q)으로부터 공을 받아 필드 반대편을 가로지르는 속임수 러닝플레이다.
이 플레이는 빠른 리시버의 속도를 활용하여 수비를 무너뜨리는 전략이다.

선수별 역할 분석

쿼터백(Q) - 핸드오프

쿼터백(Q)은 스냅을 받은 후 Z 리시버(주황색)에 핸드오프를 한다.
공을 건네는 과정에서 약간의 지연을 주어 수비의 시선을 중앙에 유도할 수 있다.

Z 리시버(주황색) - 엔드 어라운드 러닝

Z 리시버는 공을 받은 후 필드 반대편으로 크게 돌아 달리면서 열린 공간을 찾는다.
사이드라인을 따라 빠르게 돌파하는 것이 핵심이며, 속도가 빠를수록 성공 확률이 높다.

Y 리시버(초록색) - 속임수 패턴

Y 리시버는 짧게 전진하여 수비를 중앙에 유도하는 역할을 한다.
또는 쿼터백이 핸드오프 하는 동안 유도를 수행하여 Z 리시버가 더 쉽게 돌파할 수 있도록 돕는다.

X 리시버(파란색) - 유도 패턴

X 리시버는 짧은 루트를 실행하여, 수비 백 필들의 주의를 분산시키는 역할을 한다.

이를 통해 세이프티와 코너백이 러닝백(Z)에게 달려오는 것을 지연시키는 효과가 있다.

센터(C) – 속임수 패턴 스크린 블로킹

센터는 수비수가 쿼터백을 압박하는 그것을 방지하는 속임수를 수행한다.
이를 통해 핸드오프가 안전하게 이루어지도록 돕는다.

플레이 전략 분석

이 플레이는 빠른 리시버를 활용해 수비를 속이고 외곽에서 큰 야드를 노리는 러닝플레이, End Around이다.

핵심은 쿼터백(Q)이 공을 오래 들고 있는 것처럼 연출해 수비가 중앙에 집중하게 만든 뒤, 실제로는 Z 리시버에 핸드오프를 하여 외곽으로 빠르게 달리게 하는 속임수에 있다. 이때 수비가 중앙 러닝에 대비해 몰려 있는 사이, Z 리시버는 오픈 필드를 활용해 빠르게 전진할 수 있다.

이 플레이는 사이드라인 활용이 특징이다.

Z 리시버가 사이드라인을 따라 질주하며, 수비수들이 안쪽에서 좁은 각도로 쫓아와야 하므로 좋은 스크린 블로킹이 뒷받침된다면 큰 야드를 기대할 수 있다.

효과적인 상황

- 수비가 중앙 러닝을 예상할 때
- 빠른 리시버(Z)가 있을 때
- 짧은 패스와 러닝플레이가 혼합된 전략을 사용할 때
- 수비가 블리츠 등 공격적으로 압박해 올 때
- End Around는 수비의 집중을 속이고, 필드 외곽과 리시버의 속도를 최대한 활용해 수비진을 무너뜨릴 수 있는 러닝 전략

DOUBLE REVERSE

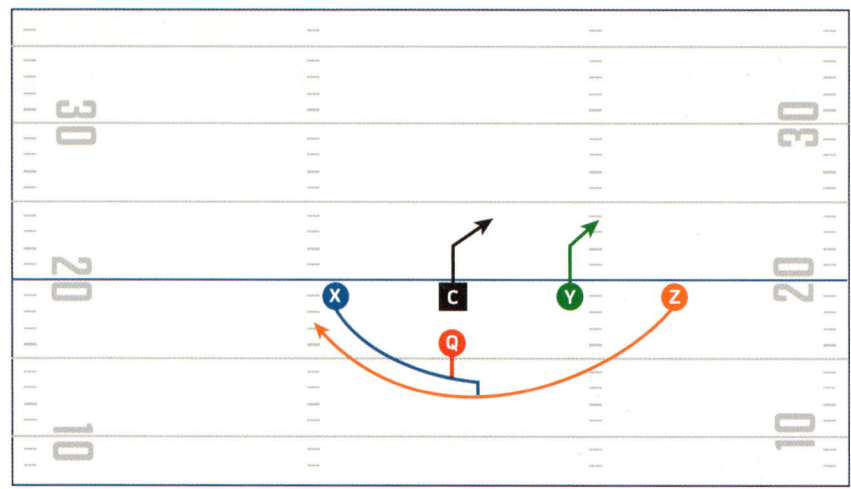

Double Reverse는 속임수를 한 번 더 추가하여 수비를 완전히 흔드는 고급 트릭 플레이다.

선수별 역할 분석

쿼터백(Q) - 첫 번째 핸드오프

쿼터백(Q)은 스냅을 받은 후 Z 리시버(주황색)에 핸드오프를 한다.
Z 리시버는 엔드 어라운드(End Around)처럼 왼쪽으로 크게 이동한다.

Z 리시버(주황색) - 첫 번째 속임수

Z 리시버는 공을 가지고 반대쪽으로 돌진한다.
그러나 X 리시버(파란색)에 핸드오프를 한다.
이 순간, 수비는 Z 리시버가 공을 들고 계속 돌진한다고 착각할 가능성이 높다.

X 리시버(파란색) - 두 번째 속임수 및 최종 러너

X 리시버는 Z 리시버로부터 공을 받은 후 반대쪽으로 방향을 바꾼다.
공을 받고 나서 왼쪽 측면을 따라 질주하며 오픈 필드를 활용해 전진한다.
수비수들은 처음에 Z 리시버를 따라 움직였다가 다시 반대쪽으로 오려 하지만, X 리시버는 이미 공간을 확보한 상태가 된다.

Y 리시버(초록색) - 블로킹 또는 속임수 루트

Y 리시버는 중앙으로 살짝 움직이며 수비수를 묶어두는 역할을 한다.
또는 패스 가능성을 암시하여 수비가 러닝을 예측하지 못하게 만든다.

센터(C) - 블로킹

특히 중앙에서 접근하는 수비수를 막아주는 역할을 한다.

플레이 전략 분석

이 플레이는 수비를 두 번 속여 혼란을 극대화하는 고급 트릭 플레이, Double Reverse 이다.
플레이의 핵심은 처음에 Z 리시버가 공을 들고 달리는 척하여 수비를 한쪽으로 끌어낸 뒤, 다시 X 리시버에 핸드오프 해 반대 방향으로 전개하는 데 있다.
일반적인 리버스 보다 한 단계 더 복잡한 속임수로, 수비가 방향을 두 번 바꿔야 하므로 균형을 잃고 공간을 내줄 가능성이 크다.

효과적인 상황

수비가 한쪽으로 치우치는 경향이 있거나, 패스 위주의 공격으로 인해 수비가 패스를 대비하고 있을 때 효과적이다.
수비가 방향 전환에 실패하면, 빠른 X 리시버가 오픈 필드를 확보해 중요한 플레이(장거리 전진) 또는 터치다운까지 연결될 가능성이 있다.
다만 이 플레이는 핸드오프가 두 번 이루어지는 고난도 트릭 플레이이기 때문에, 타이밍과 핸드오프 기술이 중요한 요소이며, 실수 위험도 존재한다.
빠르고 민첩한 리시버와 팀 전반의 숙련된 플레이가 필요하다.
Double Reverse는 수비의 균형을 완전히 무너뜨리고, 큰 전진을 노릴 수 있는 고급 트릭 플레이다.

FAKE DOUBLE REVERSE

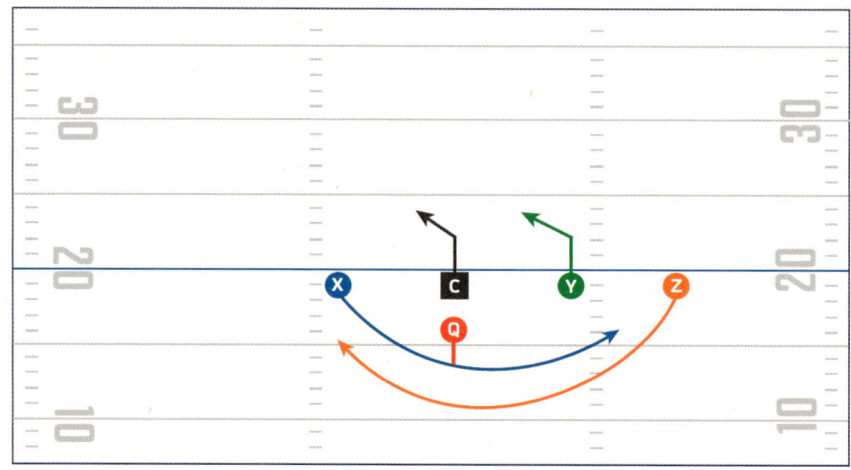

이 플레이는 트릭 플레이의 일종으로, 상대 수비를 교란하기 위한 전략이다.

선수별 역할 분석

쿼터백(Q) - 첫 번째 핸드오프

쿼터백(Q)은 스냅을 받은 후, Z 리시버(주황색)에 핸드오프를 하는 것처럼 움직인다. 하지만 실제로는 공을 넘기지 않고, Z 리시버가 공을 가지고 있는 것처럼 연기한다.

Z 리시버(주황색) - 속임수 역할

Z 리시버는 Double Reverse처럼 보이게 하려고 크게 돌아가는 동작 한다. 하지만 공을 가지고 있지 않으며, 상대 수비를 혼란스럽게 만드는 역할을 한다. 상대 수비는 Z 리시버가 공을 가지고 있다고 착각하고 쫓아갈 가능성이 크다.

X 리시버(파란색) - 실제 러너

X 리시버는 공을 받은 후 수비가 속았을 틈을 타 달려 나간다. 상대 수비가 Z 리시버를 쫓아가게 되면, X 리시버는 상대적으로 넓은 공간을 확보할 수 있다.

Y 리시버(초록색) - 유도 역할

Y 리시버는 살짝 앞으로 나아가면서 수비수를 묶는 역할을 한다. 이는 X 리시버가 전진할 공간을 만들어 주는 전략적 움직임이다.

센터(C) - 유도 스크린

센터는 수비수를 유도하여 쿼터백과 리시버들이 원활하게 움직일 수 있도록 돕는다. 특히 중앙 수비가 X 리시버를 빠르게 따라오지 못하게 방해하는 역할을 한다.

플레이 전략 분석

이 플레이는 Double Reverse처럼 보이게 하여 수비를 속인 뒤, 실제로는 간결하게 러닝을 전개하는 트릭 플레이, Fake Double Reverse이다.

플레이의 핵심은 수비가 Z 리시버의 움직임에 집중하도록 유도한 뒤, 실제로는 X 리시버에 공을 넘겨 오픈 필드에서 전진할 수 있도록 하는 속임수에 있다.

수비가 리버스를 예상하고 반응할 경우, X 리시버가 자연스럽게 넓은 공간을 확보하게 된다.

또한, 이 플레이는 핸드오프가 여러 번 이루어지는 Double Reverse와 달리 핸드오프가 단 한 번만 이루어지기 때문에, 실수 위험이 상대적으로 적다.

효과적인 상황

- 상대 수비가 한쪽으로 쉽게 치우치는 경우
- 상대 수비가 트릭 플레이에 약하거나 Double Reverse를 예상할 때
- 빠른 러너(X, Z)를 보유하고 있을 때, 패스 위주의 공격을 많이 하여 수비가 패스를 대비하고 있을 때

이 플레이는 수비를 철저히 속이면서도 비교적 안전하게 러닝을 전개할 수 있는 효율적이고 실용적인 트릭 플레이다

타이밍과 리시버의 속도를 활용해 중요한 플레이(장거리 전진)를 만들어낼 수 있다.

HB OPTION

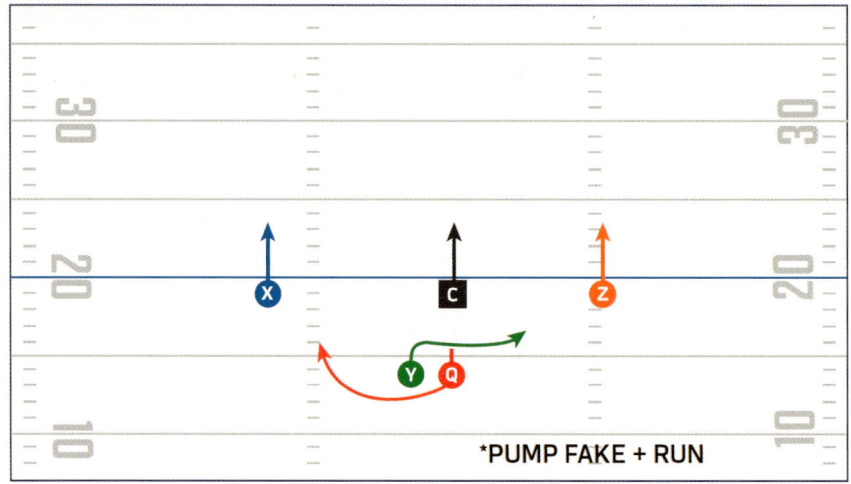

*PUMP FAKE + RUN

이 플레이는 쿼터백(Q)이 러닝과 패스 옵션을 모두 가질 수 있는 트릭 플레이다.

선수별 역할 분석

쿼터백(Q) - 스냅 후 롤 아웃

쿼터백(Q)은 스냅을 받은 후 왼쪽으로 롤 아웃 한다.
공을 잡은 상태에서 패스를 던질 것처럼 펌프 페이크(Pump Fake)를 하여 수비를 유인한다.

HB(Y, 초록색) - 패스 또는 블록 역할

Y 리시버는 짧은 루트로 전진하며 쿼터백(Q)에 패스 옵션을 제공한다.
만약 수비가 쿼터백을 막으러 오면, Y 리시버에 패스를 던질 수 있다.
수비가 다른 방향으로 움직이면, 쿼터백이 직접 달릴 수 있도록 하여 패스를 수행한다.

X 리시버(파란색) - 깊은 패스 위협

X 리시버는 수비를 끌어내기 위해 깊이 달리는 패스 경로를 실행한다.

Z 리시버(주황색) - 반대쪽 미끼 역할

Z 리시버는 오른에서 깊이 달려가면서 수비가 왼쪽으로 몰리지 않도록 균형을 맞춘다.
이를 통해 QB가 달릴 공간을 만들거나, 오른쪽으로 패스를 던질 기회를 만든다.

센터(C) - 접근 방해

센터는 중앙을 지키면서 수비가 쿼터백에 빠르게 접근하지 못하도록 방어한다.

플레이 전략 분석

이 플레이는 패스와 러닝 옵션이 모두 가능한 다용도 전술이다.
쿼터백(Q)은 펌프 페이크로 패스를 시도하는 듯한 동작을 취한 뒤, 수비의 반응에 따라 직접 달리거나 하프백(HB, Y 리시버)에게 짧은 패스를 연결할 수 있다.
핵심은 쿼터백의 펌프 페이크(Pump Fake)로 수비를 속이는 것이다.
쿼터백이 패스를 던질 것처럼 동작하면 수비수들이 공을 쫓아 움직이게 되고, 그 틈을 타 쿼터백이 직접 이동하거나, Y 리시버에 짧은 패스를 연결해 공간을 활용할 수 있다.
수비가 패스에 집중해 뒤쪽으로 물러나면, 쿼터백에 넓은 러닝 이동 공간이 열리게 된다.

효과적인 상황

- 상대 수비가 패스를 대비하고 있을 때
- 쿼터백이 기동력과 빠른 러닝 능력을 갖추고 있을 때
- 하프백(Y 리시버)의 패스 캐치 능력이 좋을 때
- 펌프 페이크 & QB 런 옵션 플레이는 수비의 예측을 깨고, 쿼터백과 하프백의 움직임을 동시에 활용해 다양한 선택지를 제공하는 전략
- 짧은 패스와 직접 달리기를 병행해 중요한 플레이를 노릴 수 있는 효과적인 전술
- HB OPTION은 패스 & 러닝을 동시에 노릴 수 있는 강력한 변형 플레이

작전 패턴 분석 및 전략

플래그풋볼은 전략적인 플레이와 팀워크가 중요한 스포츠로, 공격 포메이션 및 다양한 플레이를 익히는 것이 중요하다.
플레이북은 기본적인 패턴 및 포지션 설명부터 주요 플레이 유형까지 자세하게 살펴보자.

① 러닝백이 있는 표준 포메이션

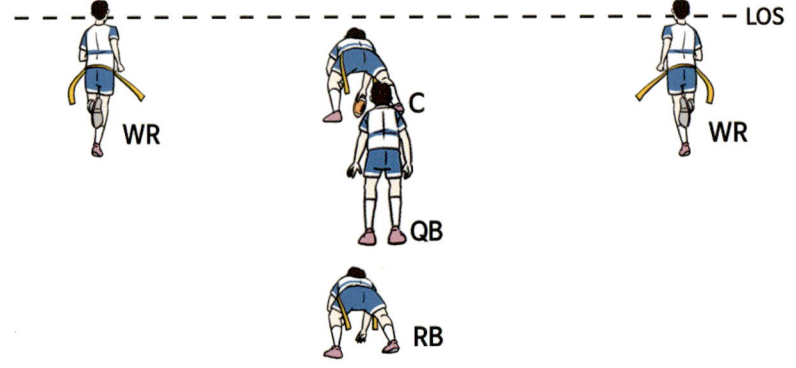

포메이션 구조

LOS(Line of Scrimmage)는 공이 스냅 되는 가상의 선으로, 위에 점선으로 표시되어 있다. 공격팀 선수들은 이 선을 기준으로 정렬한다.

이 배치에서는 WR(와이드 리시버)가 왼쪽과 오른쪽에 각각 한 명씩 배치되어 있어, 주로 패스를 받는 역할을 한다.

C(센터)는 공을 스냅 하는 역할을 맡고 있으며, QB(쿼터백)은 스냅을 받은 뒤 패스나 핸드오프 러닝 플레이를 지휘한다.

RB(러닝백)은 쿼터백 뒤에 위치해 주로 러닝 플레이를 담당하거나, 상황에 따라 패스를 받을 수도 있다.

포메이션 특징

이 포메이션은 플래그풋볼에서 가장 기본적으로 사용되는 공격 포메이션 중 하나로, 패스 중심의 플레이에 적합하지만, 러닝백(RB)을 활용해 러닝 플레이까지 병행할 수 있는 유연성이 특징이다.
또한, WR가 좌우의 균형 있게 배치되어 있어 패싱 옵션이 다양하고, RB를 통해 러닝과 패스를 혼합할 수 있는 전술적 이점을 제공한다.

전술적 활용

패싱플레이

쿼터백(QB)은 좌우에 배치된 와이드 리시버(WR)에 다양한 패스를 시도할 수 있다.

러닝플레이

쿼터백이 러닝백(RB)에게 핸드오프 하거나, 직접 공을 들고 달리는 러닝 패스 플레이도 가능하다.

플레이 액션

러닝 플레이처럼 위장한 뒤, 갑작스럽게 패스를 시도하는 플레이 액션 전술로 수비를 속일 수도 있다.
이 포메이션은 초보자들이 플래그풋볼의 기본적인 공격 시스템을 이해하고, 패스와 러닝플레이를 조합한 다양한 전술을 연습하기에 매우 적합하다.

② 러닝백이 없는 표준 포메이션

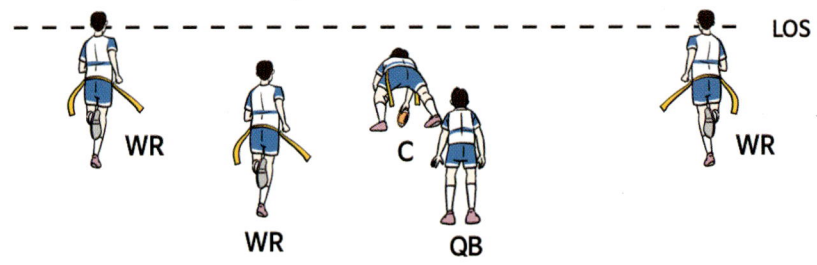

포메이션 구조

LOS(Line of Scrimmage)는 공이 스냅 되는 가상의 선으로, 위에 점선으로 표시되어 있다. 이 배치에서는 WR(와이드 리시버)가 왼쪽과 오른쪽에 각각 한 명씩 배치되어 있어, 주로 패스를 받는 역할을 한다.
C(센터)는 공을 스냅 하는 역할을 맡고 있으며, 이후 패스를 받는 역할을 한다.
QB(쿼터백)은 스냅을 받은 뒤 패스나 러닝 플레이를 지휘한다.
WR(러닝백)은 쿼터백 옆에 위치해 주로 러닝 플레이를 담당하거나, 때에 따라 패스를 받을 수도 있다.

포메이션 특징

이 포메이션은 플래그풋볼에서 가장 기본적으로 사용되는 공격 포메이션 중 하나로, 패스 중심의 플레이에 적합하지만, WR을 활용해 러닝플레이까지 병행할 수 있는 유연성이 특징이다.
또한, WR가 좌우의 균형 있게 배치되어 있어 패싱 옵션이 다양하고, WR를 통해 러닝과 패스를 혼합할 수 있는 전술적 이점을 제공한다.

전술적 활용

패싱플레이

쿼터백(QB)은 좌우에 배치된 와이드 리시버(WR)에 다양한 패스를 시도할 수 있다.

러닝플레이

쿼터백이 WR에게 핸드오프 하거나, 직접 공을 들고 달리는 러닝플레이도 가능하다.

플레이 액션

러닝 플레이처럼 위장한 뒤, 갑작스럽게 패스를 시도하는 플레이 액션 전술로 수비를 속일 수도 있다.

이 포메이션은 초보자들이 플래그풋볼의 기본적인 공격 시스템을 이해하고, 패스와 러닝플레이를 조합한 다양한 전술을 연습하기에 매우 적합하다.

포메이션 형태 비교

포메이션	러닝백 포함	러닝백 없음
공격 스타일	러닝과 패스 혼합	패스 중심
주요 전술	핸드오프, 패스, 플레이 액션	빠른 패스, 와이드 리시버 활용 극대화
QB 역할	패스 및 핸드오프	패스 중심, 이동성 필요
패스 옵션	2명 이상의 WR 활용	3명 이상의 WR 활용

3 작전 패턴 분석

컷 패턴 분석

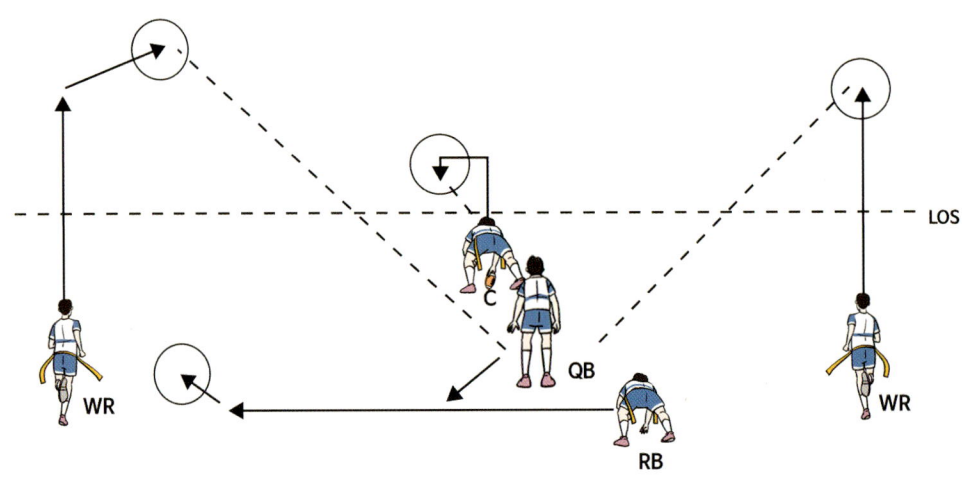

선수별 움직임과 패턴

WR(좌측) 딥 컷(Deep Cut)

8야드 전진 후 안쪽으로 깊게 컷-인. 중거리 이상의 패스에 적합하며, 수비수를 따돌리고 패스 공간을 창출하는 움직임이다.

WR(우측) 고(Go) 패턴

좌측 WR과 동일하게 직선으로 전진하여 수비수를 분산시키고, 쿼터백(QB)의 패스 선택지를 넓히는 역할을 한다.

C(센터) 숏 컷(Short Cut)

5야드 전진 후 왼쪽으로 컷-인. 쿼터백(QB)에 빠른 짧은 패스 옵션을 제공하며, 수비 라인 바로 뒤의 빈 곳 확보에 효과적이다.

RB(러닝백) 숏 컷(Short Cut)

스냅 후 좌측으로 이동하면서 짧게 전진, 이후 컷-인. 중거리 패스 옵션으로 활용하거나, WR과의 크로스 경로를 통해 수비 혼란을 유도할 수 있다.

QB(쿼터백)
- 짧은 패스 : 센터(C) 또는 러닝백(RB)에게 빠르게 전달 가능
- 중거리 패스 : 좌우 WR이 컷-인하는 타이밍에 맞춰 패스
- 긴 패스 : 컷-인 이후 수비와의 간격이 벌어질 경우, 딥 패스를 시도할 수 있음.

전술적 의미

컷 패턴의 활용은 수비가 맨투맨 커버일 경우, WR의 컷-인 움직임을 통해 수비와의 간격을 만들어 패스 성공 확률을 높일 수 있다.

존 디펜스 상황에서는 WR과 RB의 크로스 패턴으로 수비 지역 간 공간을 만들어내는 효과가 있다.

아웃 패턴 옵션은 센터(C)의 짧은 컷 패턴은 빠른 패스로 쿼터백이 부담 없이 플레이를 전개할 수 있는 안전한 경로를 제공한다.

RB 역시 컷 패턴을 통해 두 번째 짧은 패스 옵션으로 활용할 수 있다.

선택지 제공

전반적으로 짧은 패스와 중거리 패스를 효과적으로 혼합해, 수비진을 분산시키고 효율적인 패스 게임을 운영할 수 있는 전술이다.

패턴은 패싱 플레이를 극대화한 구조로, 다음과 같은 전략적 강점이 있다.
- 수비가 맨투맨일 경우 → 개인 기량을 활용한 컷-인 돌파
- 수비가 존 디펜스일 경우 → WR과 RB의 크로스 경로를 통해 공간 창출

짧은 패스+중거리 패스 조합으로 템포를 빠르게 유지하며, 수비를 계속 움직이게 만들어 수비 실수를 유도한다.

이 패턴을 활용하면 짧고 효율적인 패스로 경기의 흐름을 주도할 수 있다.

All-Go 패턴 분석

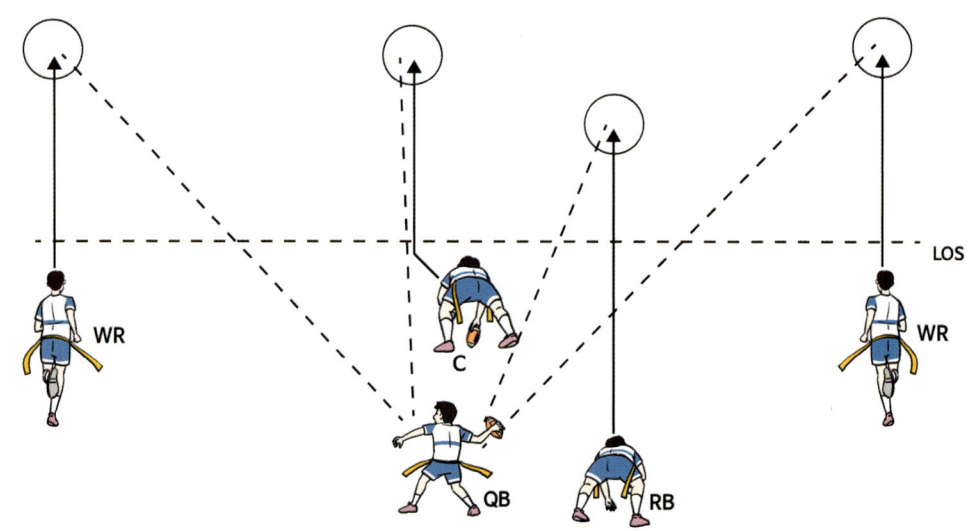

선수별 움직임과 패턴

WR(좌측) 고(Go) 패턴
스크리미지 라인(LOS)에서 출발해 직선으로 깊게 전진하는 패턴
주로 딥 패스의 주요 타깃으로 활용되며, 코너백의 커버를 속도로 돌파할 수 있다.

WR(우측) 고(Go) 패턴
좌측 WR과 동일하게 직선으로 전진하고, 양쪽 측면에서 동시에 전진하여 수비수를 분산시키고, 쿼터백(QB)의 패스 선택지를 넓히는 역할을 한다.

C(센터) 고(Go) 패턴
스냅 후 필드 중앙으로 직진하고, 중거리에서 빠르게 진입해 수비수의 주의를 끌거나, QB의 짧은 딥 패스 타깃이 될 수 있다.

RB(러닝백) 고(Go) 패턴
스냅과 동시에 쿼터백과 함께 출발하여 필드 중앙을 향해 직선 전진하고, 주로 미들 패스 옵션으로 활용되며, 수비가 WR에게 집중할 때 중거리에서 패스를 받을 기회

QB(쿼터백)
- 긴 패스 : WR에 길게 연결
- 중거리 패스 : C 또는 RB가 중앙 공간에서 열릴 때 연결 가능

수비 압박이 들어오기 전에 빠른 판단과 강한 패스 능력이 요구된다.

전술적 의미

긴 패스를 위한 포지셔닝 모든 선수가 전진하는 Go Route를 수행하여, 수비진을 뒤로 밀어내고 수비 뒷공간을 노린다.
특히 빠른 WR이 있다면 1:1 상황에서 승부를 볼 수 있다.
수비 커버리지 붕괴 수비가 존 디펜스를 사용하면, 전방으로 빠르게 전진하는 선수들이 수비 지역 뒤 빈 곳을 노릴 수 있다.
맨투맨 커버리지에서는 WR과 RB의 개인 스피드와 기량이 유리하게 작용한다.
QB의 패스 패턴은 장거리 패스 중심의 전략이기 때문에, QB의 팔 힘과 정확성이 매우 중요하다.
수비 압박을 피하며 짧은 시간 내 최적의 대상을 찾아야 한다.

선택지 제공

수비가 딥 패스를 대비해 깊숙이 물러설 경우, C와 RB의 중거리 루트를 활용해 쉽게 패스를 연결할 수 있다.
All-Go 패턴은 플래그풋볼에서 가장 공격적인 패스 전략 중 하나다.
모든 선수가 전진하며 수비를 뒤로 밀고, 한 번에 큰 야드를 획득할 수 있다.
빠른 WR, 패스 능력이 뛰어난 QB가 있을 때 가장 효과적이며, 빠른 템포로 경기를 주도할 수 있다.
이 패턴은 한 방에 흐름을 바꾸고 싶을 때 강력한 무기가 될 수 있다.

Draw 패턴 분석

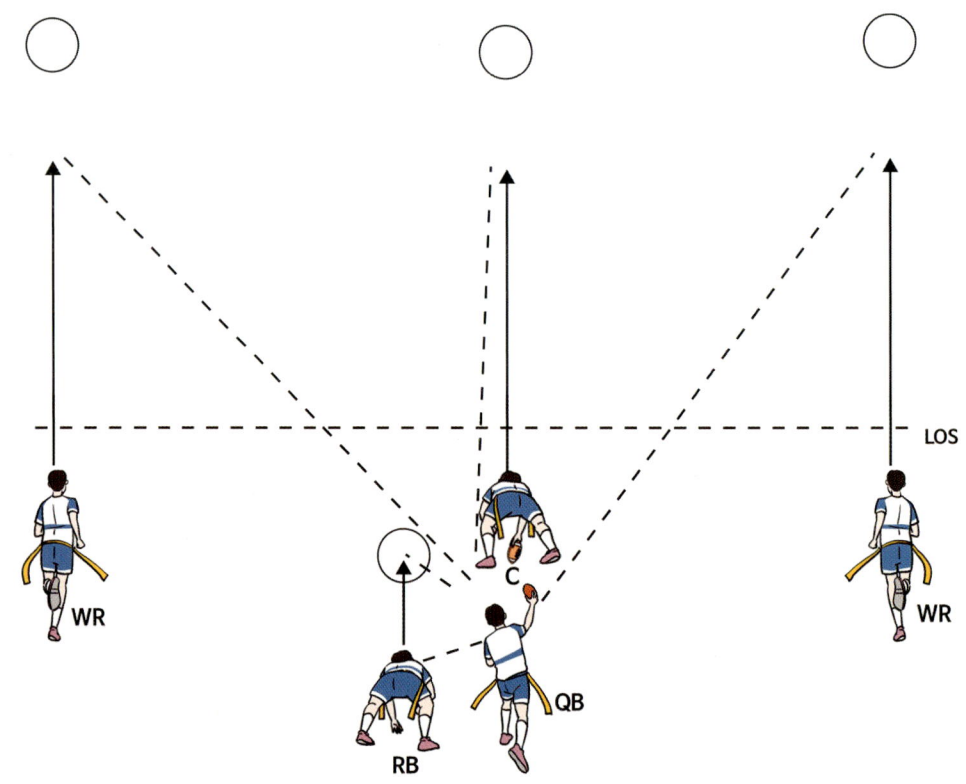

선수별 움직임과 패턴

WR(좌측) 딥 고(Deep Go) 패턴
- 스크리미지 라인(LOS)에서 직선으로 깊게 전진
- 패스 옵션을 제공함과 동시에 수비수를 뒤쪽으로 유인하는 역할

WR(우측) 딥 고(Deep Go) 패턴
좌측 WR가 동일한 움직임으로 딥 패스를 노리거나, 수비수를 측면으로 끌어내 중앙 공간 확보에 기여

C(센터) 짧은 직선 전진
- 스냅 이후 5~6야드 직선 전진
- 짧은 패스 옵션을 제공하거나, 수비수의 주의를 끌어 RB에 공간 확보

RB(러닝백) **핸드오프 or 페이크**
- 스냅 이후 QB에서 핸드오프를 받아 중앙 또는 측면으로 돌파
- 수비수가 뒤로 물러나면 페이크 후 패스 옵션으로 활용 가능

QB(쿼터백) **페이크 후 러닝 or 핸드오프**
패스를 시도하는 척하며, 수비가 패스 커버에 집중하는 순간 RB에 핸드오프 하거나 직접 러닝 패스를 수행한다.

전술적 의미

패스 위장 후 러닝플레이 WR과 센터ⓒ의 전진 움직임으로 수비를 뒤쪽으로 끌어내며, QB는 패스를 던질 것처럼 행동해 수비의 시선을 끌고 시간을 벌어준다.
그 틈을 타 RB가 러닝 플레이를 수행하는 것이 핵심이다.
수비가 패스에 집중해 뒤로 물러날 경우, RB가 쉽게 전진할 수 있는 공간이 생긴다.
반대로 수비가 러닝을 의식하면, WR에게 딥 패스 연결도 가능한 양면 전술이다.

선택지 제공

- 수비 상황에 따라 5~10야드 짧은 전진에서, 한 번 공간이 열리면 장거리 러닝 플레이로 연결될 수 있는 확률형 전술
- 드로우 패턴은 플래그풋볼에서 상대 수비를 패싱 수비에 집중하게 유도한 후, 러닝으로 허를 찌르는 전술
- 수비가 패스에 집중할수록 러닝의 성공 확률이 올라감
- 전진 거리 확보뿐만 아니라, 시간 조절과 경기 흐름 전환에도 효과적

Reverse Pass 패턴 분석

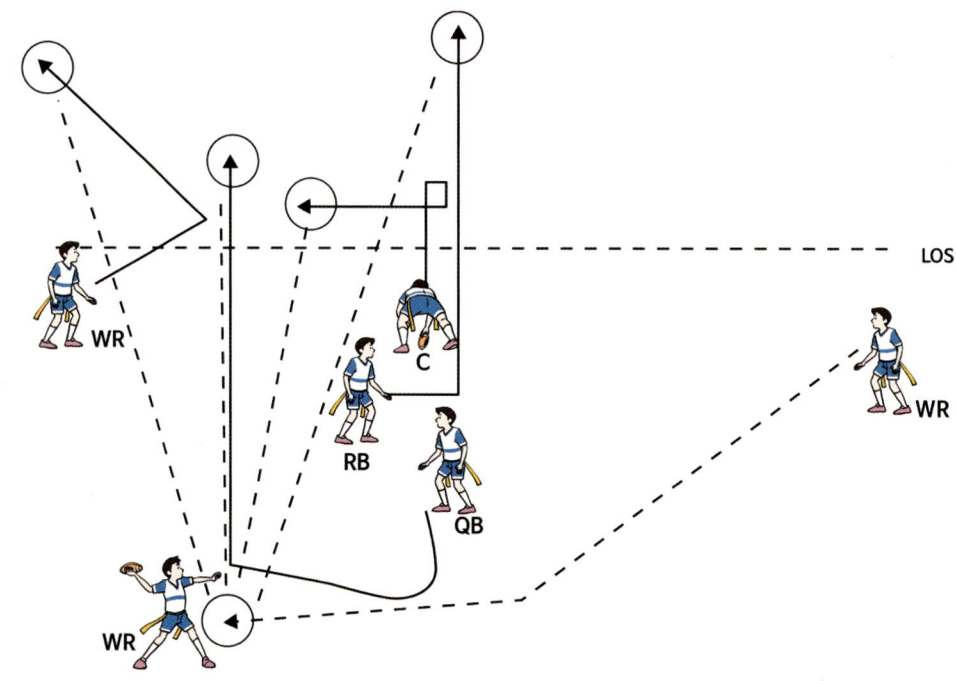

선수별 움직임과 패턴

WR(좌측) 컷인 후 딥 포스트 패턴
- 8야드 전진 후 안쪽으로 컷인 한 뒤, 다시 바깥쪽으로 빠져 딥 포스트 패턴으로 전환
- 주 패스 대상으로 활용되며, 수비수를 속이고 깊은 공간에서 패스를 받을 가능성이 큼

WR(우측) 대기 패턴
- 처음에는 패스에 적극적으로 참여하지 않는 듯한 움직임을 취해 수비수를 끌어들임
- 상황에 따라 1:1 상황에서 패스 옵션이 됨.

C(센터) 직선 옵션 아웃 패턴
6야드 직선 전진 후, 중앙에서 수비수의 주의를 끌고, 쿼터백(QB)에 짧은 패스 옵션을 제공

RB(러닝백) 리버스 동작
- 스냅 후, QB가 먼저 공을 가진 뒤 반대 방향으로 공을 받는 리버스 패턴 수행

- 수비가 QB의 방향으로 쏠릴 때, 후방 패스를 통해 공격 방향을 전환

QB(쿼터백) 리버스 패스 실행
- 플레이 시작 후 좌측으로 이동해 수비를 유도한 뒤, RB에 후방 패스
- 이후 RB가 다시 반대편으로 패스하거나 직접 러닝 플레이를 선택할 수 있도록 구성

전술적 의미

- 트릭 플레이(Trick Play) 일반적인 패스와 달리, 공의 진행 방향을 한 번 바꾸는 트릭 전술
- 수비가 QB의 움직임에 집중하는 사이, 반대쪽으로 빠르게 공의 흐름을 바꿔 수비의 균형을 무너뜨림
- 수비를 흔드는 전략으로 수비가 QB의 움직임에 따라가며 라인을 무너뜨릴 경우, 리버스 패스를 통해 반대쪽 빈 곳을 적극적으로 활용 가능
- WR과 RB의 빠른 전환이 패스 커버리지를 깨는 것이 핵심

선택지 제공

- RB가 패스를 받은 후
  ① 반대편 WR에게 패스
  ② 본인이 직접 러닝
  두 가지 옵션 모두 가능해 수비 예측을 어렵게 만드는 다재다능한 전략이다.
- 리버스 패스 패턴은 플래그풋볼에서 상대 수비의 집중과 흐름을 깨트리는 트릭 플레이다.
- 이 패턴을 활용하면 수비를 완벽하게 속이고, 예상치 못한 방향으로 중요한 플레이를 만들어낼 확률이 매우 높다.
- 경기 중 한 번씩 사용하면 경기 흐름을 바꿀 수 있는 결정적 한 방이 될 수 있다.

Option Pass 패턴 분석

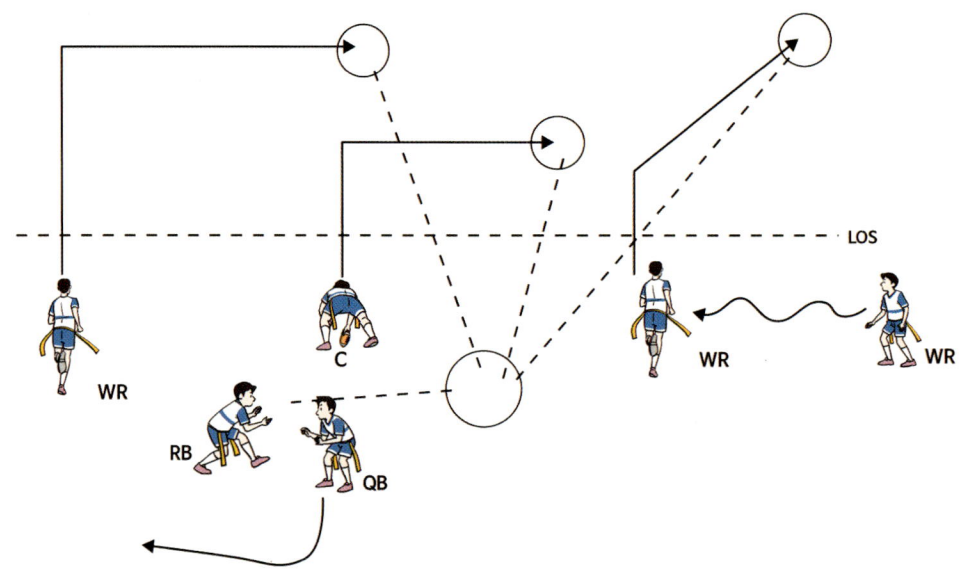

선수별 움직임과 패턴

WR(좌측) 컷인 후 딥 패턴
- 8야드 전진 후 안쪽으로 컷인 한 뒤, 오른쪽으로 빠져서 딥 패턴으로 전환
- 주 패스 대상으로 활용되며, 수비수를 속이고 깊은 공간에서 패스를 받을 가능성이 큼.

WR(우측) 대기 이동후 딥 코너 패턴
처음에는 패스에 적극적으로 참여하지 않는 듯한 움직임을 취해 수비수를 끌어들이고, 상황에 따라 1:1 상황에서 패스 옵션이 됨.

C(센터) 직선 아웃 패턴
6야드 직선 전진 후, 아웃으로 전환하여서 중앙 수비수의 주의를 끌고, 쿼터백(QB)에 짧은 패스 옵션을 제공

RB(러닝백) 리버스 동작
- 스냅 후, QB가 먼저 공을 가진 뒤 반대 방향으로 공을 받는 리버스 패턴 수행
- 수비가 QB의 방향으로 쏠릴 때, 핸드오프 실행 또는 페이크 패스를 통해 공격 방향을 전환

QB(쿼터백) 리버스 패스 실행
- 플레이 시작 후 좌측으로 이동해 수비를 유도한 뒤, RB에 핸드오프 또는 패스
- 이후 RB가 다시 반대편으로 QB에 패스하거나 직접 러닝플레이를 선택할 수 있도록 구성

전술적 의미

- 트릭 플레이(Trick Play) 일반적인 패스와 달리, 공의 진행 방향을 한 번 바꾸는 트릭 전술
- 수비가 QB의 움직임에 집중하는 사이, 반대쪽으로 빠르게 공의 흐름을 바꿔 수비의 균형을 무너뜨림
- 수비를 흔드는 전략으로 수비가 QB의 움직임에 따라가며 라인을 무너뜨릴 경우, 리버스 패스를 통해 반대쪽 빈 곳을 적극적으로 활용 가능
- WR과 RB의 빠른 전환이 패스 커버리지를 깨는 것이 핵심

선택지 제공

- RB가 패스를 받은 후
  ① 반대편 WR에게 또는 QB에 패스
  ② 본인이 직접 러닝
  두 가지 옵션 모두 가능해 수비 예측을 어렵게 만드는 다재다능한 전략
- 이 패턴을 활용하면 수비를 완벽하게 속이고, 예상치 못한 방향으로 중요한 플레이를 만들어낼 확률이 매우 높다.
- 경기 중 한 번씩 사용하면 경기 흐름을 바꿀 수 있는 결정적 터치다운이 될 수 있다.

Swing Pass 패턴 분석

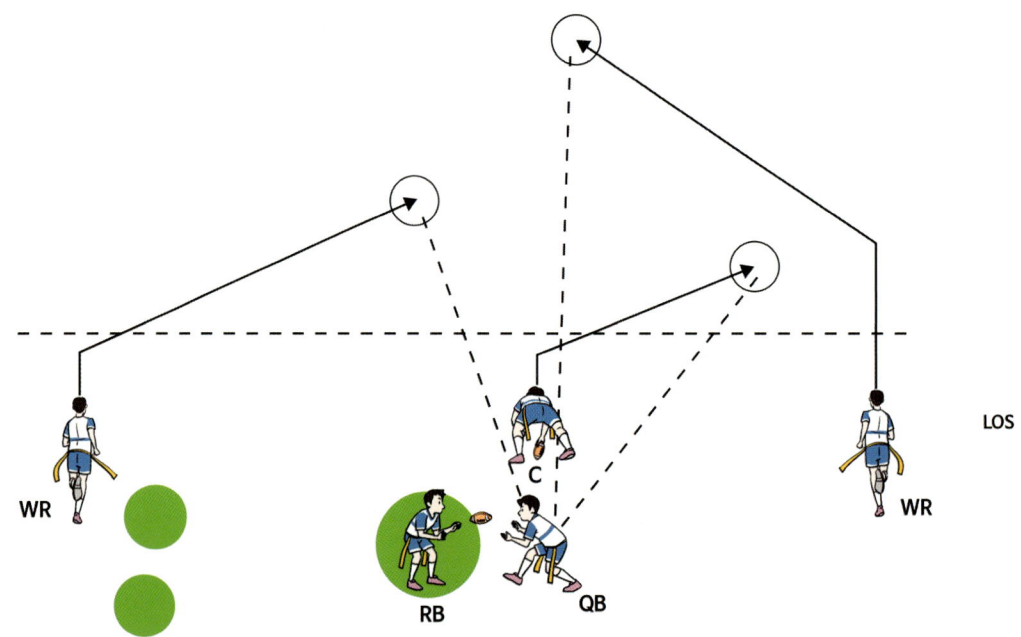

선수별 움직임과 패턴

WR(좌측) 짧은 인 코너 패턴
- 3야드 전진 후 중앙으로 이동
- QB에 짧은 패스 옵션을 제공하며, 수비수를 안쪽으로 끌어들이는 역할 수행

WR(우측) 딥 포스트 패턴
- 6야드 전진 후 포스트 방향으로 이동
- 주로 QB의 깊은 패스 대상으로 활용되며, 수비수를 유인하는 효과

C(센터) 짧은 슬랜트 패턴
- 2야드 전진 후 슬랜트 방향으로 짧게 이동
- QB에 빠른 짧은 패스 옵션을 제공해 수비 압박 시 안전한 경로가 됨.

RB(러닝백) 스윙 패턴
- 스냅 이후 QB의 오른쪽 측면으로 크게 빠져나가며 스윙 패스를 받을 준비
- 패스 받은 후, 측면 돌파 또는 추가 WR(좌측) 패스 선택지를 가질 수 있음.

QB(쿼터백) 스윙 패스 수행

스냅 후, 빠르게 수비 상황을 읽고 RB에 스윙 패스를 연결하거나, C에게 짧은 패스 선택

전술적 의미

- 수비 분산 유도 RB가 측면으로 크게 이동하면서 수비 진용을 넓게 퍼지게 유도
- 동시에 WR과 C가 서로 다른 방향으로 움직여 수비의 초점을 분산시킴
- 짧고 빠른 공격 전개 짧은 스윙 패스로 공을 빠르게 전달해 수비가 정렬되기 전에 플레이 전개
- RB가 패스 받은 후 러닝을 통해 추가 야드를 노릴 수 있다.

선택지 제공

- 다양한 플레이 옵션 제공 RB는 패스를 받은 후
  ① 측면 돌파하여 러닝 플레이
  ② 추가 패스(리버스 패스 형태 등)로 연결
- 쿼터백(QB)은 WR에게 짧은 인 패턴 또는 딥 패턴으로 패스를 선택할 수도 있음.
- 스윙 패스 패턴은 플래그풋볼에서 짧고 빠른 공격을 통해 수비를 흔들고 공간을 창출하는 전술
- 핵심은 QB의 빠른 판단과 패스 정확도
- RB의 스피드와 돌파력 그리고 패스능력
- WR과 C의 공간 창출 움직임 유도
- 짧은 패스를 중심으로 하지만, 다양한 확장 옵션을 통해 트릭 플레이로도 활용할 수 있어 다재다능한 패턴

Cross 패턴 분석

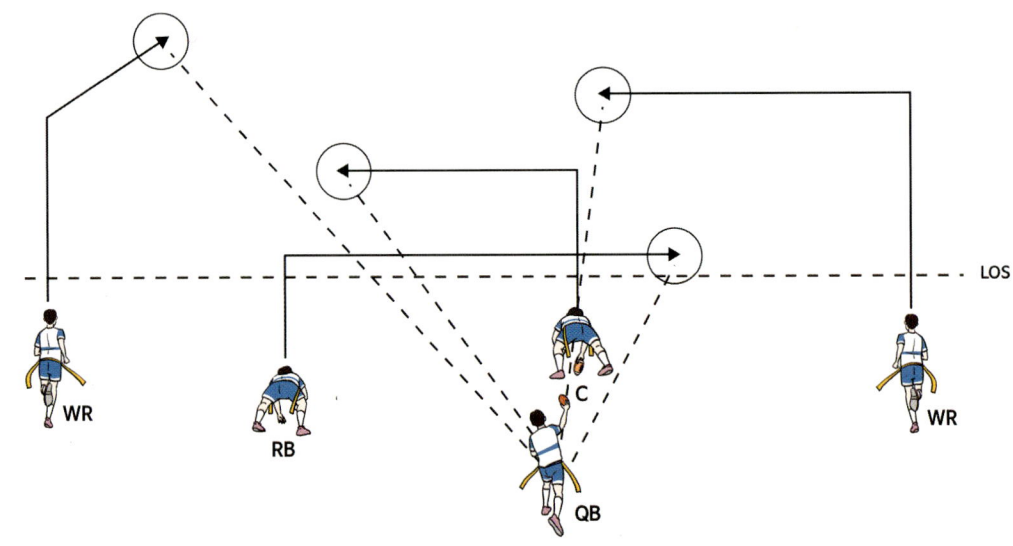

선수별 움직임과 패턴

WR(좌측) 코너 크로스 패턴
- 7야드 전진 후 안쪽으로 슬랜트 크로스
- 이후 오른쪽 WR과 교차하며 수비 혼란 유발
- 주로 딥 패스 대상으로 활용 가능

WR(우측) 크로스 인 패턴
- 8야드 전진 후 왼쪽으로 급격하게 인 루트
- 좌측 WR과 교차하며 수비수를 교란하는 역할
- 패스 시도 시 수비와 충돌하거나 헷갈릴 가능성을 높임.

C(센터) 미들 크로스 패턴
- 6야드 전진 후 중앙을 가로질러 RB와 크로스 좌측으로 이동
- QB에 중거리 패스 옵션 제공과 동시에 수비수의 시선을 중앙으로 끌어당김.

RB(러닝백) 숏 크로스 패턴
- 3야드 스로우 전진 후 우측 측면으로 빠르게 C와 크로스 이동
- QB에 짧고 안전한 패스 옵션을 제공하며, 크로스 패턴에 참여해 수비 혼란 유발

QB(쿼터백)
- 딥 패스 → 크로스 이후 공간에 있는 WR
- 중거리 패스 → 센터(C)의 미들 크로스 패턴 활용
- 짧은 패스 → RB의 숏 크로스 패턴으로 빠르게 연결

전술적 의미

- 수비 커버리지 붕괴 WR, C, RB가 모두 교차 패턴(Cross Route)을 수행
- 수비의 맨투맨 커버리지를 붕괴시키고 커뮤니케이션으로 혼란을 유도
- 특히 크로스 순간에 수비수가 충돌하거나 엉키는 상황이 자주 발생할 경우 QB는 짧은 패스, 중거리 패스, 딥 패스 모두 선택할 수 있다.
- 수비가 어느 쪽에 대비해도 다른 쪽에서 공간 확보가 가능한 전력이다.

선택지 제공

- 크로스 패턴의 핵심은 타이밍
- QB가 수비의 커버리지 이동을 빠르게 읽음.
- 교차 지점에서 패스를 정확히 연결하는 능력이 중요
- 핵심은 WR, C, RB의 교차 움직임으로 수비수 혼란을 유도
- QB의 빠른 의사 결정과 정확한 패스
- 수비가 크로스 패턴을 따라오기 어려울 때
- 딥 패스로 큰 야드 가능
- 짧은 패스를 통해 지속적으로 전진하거나, 수비를 따돌리고 긴 패스 연결까지 가능한 다목적 전술이다.

Rollout Play Action 패턴 분석

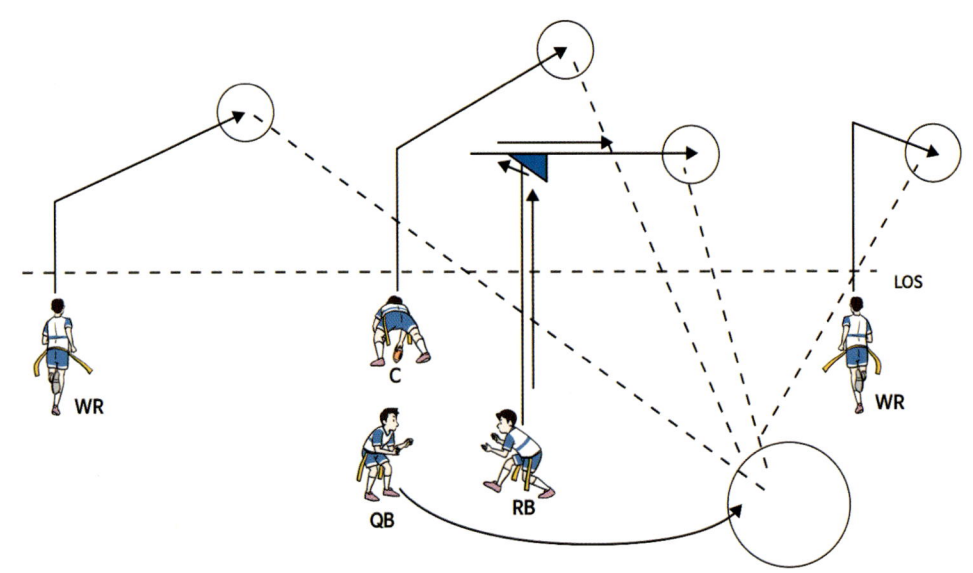

선수별 움직임과 패턴

WR(좌측) 딥 코너 패턴
- 8야드 전진 후 슬랜트 방향으로 이동
- QB가 롤 아웃 한 방향과 일치하여 주요 딥 패스 대상 역할

WR(우측) 딥 아웃 히치 패턴
- 10야드 전진 후 바깥쪽으로 이동
- 수비수를 깊숙이 끌어내고, QB에 딥 패스 옵션 제공

C(센터) 중거리 코너-아웃 패턴
- 6야드 전진 후 중앙에서 아웃 쪽으로 이동
- QB의 짧고 안전한 패스 옵션

RB(러닝백) 플랫 패턴(Play Action Fake 포함)
- 스냅 후, 핸드오프 하는 척(Play Action Fake)한 뒤, 측면으로 빠지는 플랫 패턴 수행
- 수비가 러닝을 대비하면 쉽게 오픈되어 짧은 패스 옵션이 됨.

QB(쿼터백) 롤아웃 후 패스 선택

스냅 후 RB에 핸드오프 페이크 오른쪽으로 롤 아웃
① 딥 코너 패턴의 WR에게 딥 패스
② C의 중거리 아웃 패턴에 패스
③ RB의 플랫 패턴에 짧은 패스.

전술적 의미

- 수비를 속이는 Play Action QB가 러닝을 위장하여 수비수를 끌어당긴 후 패스로 전환
- 수비가 러닝에 집중하면 뒷공간이 열리고, 패싱 옵션이 효과적으로 살아남.
- 롤 아웃을 통한 시야 확보 및 블리처로부터 압박 회피
- QB가 한쪽으로 이동하며 수비 압박을 벗어나고, 패스할 수 있는 넓은 시야를 확보
- 핵심은 QB의 이동성과 정확한 패스

선택지 제공

- 짧은 패스 → RB의 플랫 패턴 활용
- 중거리 패스 → C에게 안전하게 연결
- 딥 패스 → WR에게 롱 패스 시도
- 상황에 맞춰 유연하게 선택 가능
- 수비의 러닝 대비 심리를 이용한 공간 창출
- 다양한 거리의 패스 옵션 제공
- 이 패턴을 활용하면 수비가 러닝과 패스를 동시에 의식해야 하므로 수비진의 균형이 무너지고, 빠르게 공격을 전개할 수 있다.

Rollout 패턴 분석

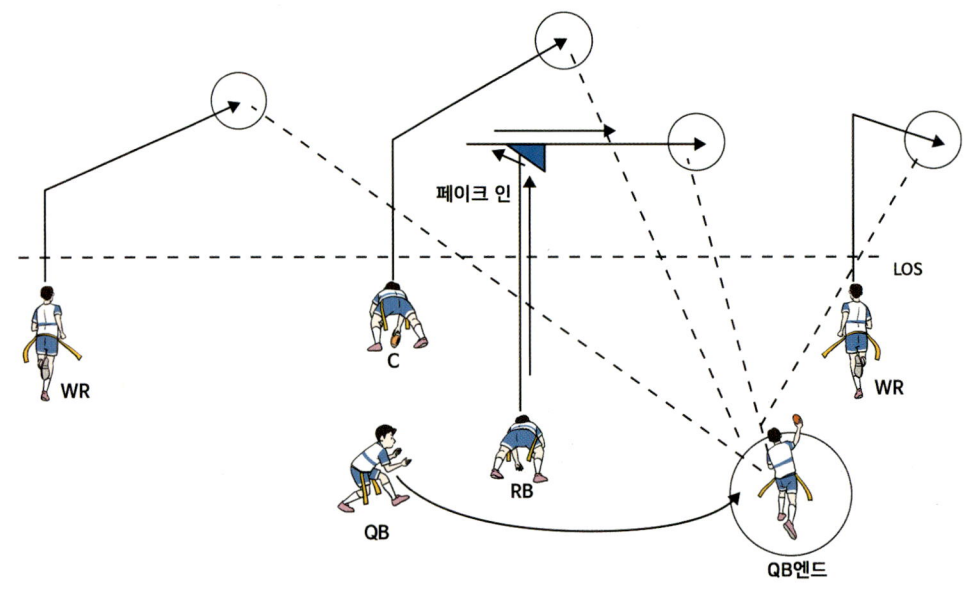

선수별 움직임과 패턴

WR(좌측) **딥 코너 패턴**
- 8야드 전진 후 코너 방향으로 이동
- QB의 롤 아웃 방향과 일치
- 딥 패스 대상으로 활용될 가능성이 높음.

WR(우측) **딥 아웃 히치 패턴**
- 10야드 전진 후 바깥쪽으로 이동
- 수비수를 깊숙이 끌어내면서 딥 패스 옵션 제공

C(센터) **중거리 포스트 패턴**
- 7야드 전진 후 안쪽으로 이동
- QB에 중거리, 안정적인 패스 옵션 제공

RB(러닝백) **페이크 후 플랫 패턴**
- 스냅 직후 러닝플레이를 할 것처럼 페이크 후, 측면으로 빠져나가는 플랫 패턴 수행
- QB 롤 아웃 시 짧은 패스 옵션으로 활용 가능

QB(쿼터백) 롤 아웃 후 패스 or 러닝

- 스냅을 받은 뒤 오른쪽으로 롤 아웃 하며 수비를 유도
  ① WR(딥 코너 패턴)에게 딥 패스
  ② C(중거리 인 패턴)에게 중거리 패스
  ③ RB(플랫 패턴)에서 짧은 패스
- 상황에 따라 수비가 패스에 집중하면 직접 러닝으로 앤드 옵션 선택 가능

전술적 의미

- 수비를 한쪽으로 집중시키는 효과
- QB의 롤 아웃 움직임으로 수비가 한쪽으로 쏠리게 만들고, WR과 RB가 다양한 방향으로 움직이며 수비 커버리지를 흔듦.
- 플레이 초반, RB에 핸드오프를 시도하는 듯한 속임수로 수비를 러닝플레이로 유도한 뒤, 패스 공격으로 전환해 수비 균형을 깨뜨림.
- 핵심은 QB의 이동성과 빠른 판단
- 러닝 페이크와 롤 아웃을 통한 수비 집중 유도

선택지 제공

- QB는 수비 상황에 따라
  짧은 패스 → RB에 빠르게 연결
  중거리 패스 → 센터(C)에게 안정적으로 전달
  딥 패스 → WR에게 롱 패스 시도
- 또한, 수비가 패스에 집중하면 QB가 직접 달려 전진할 수 있는 앤드 옵션 확보
- 수비가 패스와 러닝 어느 쪽에 대비해야 할지 헷갈리게 만드는 구조로, 공격 측이 경기 주도권을 쥐고 속도를 조절할 수 있는 패턴이다.

Hook 패턴 분석

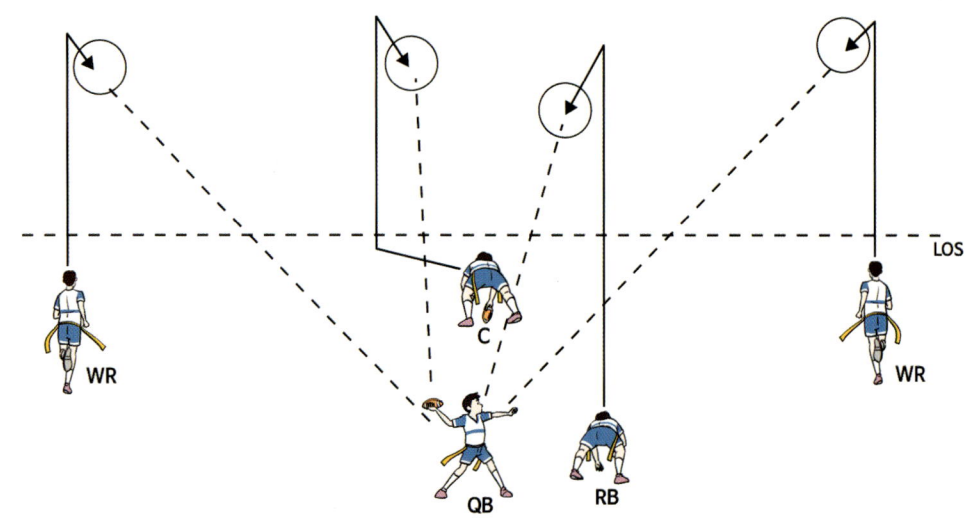

선수별 움직임과 패턴

WR(좌측) 7야드 훅 패턴
- 7야드 전진 후, 빠르게 멈춰 뒤쪽(LOS 방향)으로 돌아섬
- QB에 짧고 안정적인 패스 옵션을 제공

WR(우측) 7야드 훅 패턴
- 좌측 WR과 같이 7야드 전진 후 멈춤
- 수비를 끌어당기며, 빠른 패스로 짧은 전진 가능

C(센터) 6야드 훅 패턴
- 6야드 전진 후 멈추고 돌아섬
- 필드 중앙에서 중거리 패스 옵션 제공과 함께 수비 집중을 유도

RB(러닝백) 7야드 훅 패턴
- 스냅 후 7야드 전진, 멈추고 돌아서 패스받을 준비
- QB에게 가장 가까운 짧은 패스 옵션으로 활용 가능

QB(쿼터백) 빠른 패스 전개
- 수비가 훅 패턴에 반응하는 순간, WR, C, RB에게 빠르고 정확한 짧은 패스 연결

전술적 의미

- 짧고 빠른 패스 중심의 안정적인 공격 훅 패턴은 짧은 거리 패스를 통해 수비를 돌파하고 안정적으로 전진하는 전략
- 긴 패스 위험 없이 빠른 타이밍의 공격 가능
- 훅 패턴이 반복되면, 수비는 앞으로 나오며 커버하게 되고, 이후 딥 패턴과 연계해 수비 뒷공간을 공략할 수 있는 전술적 확장성 확보
- 핵심은 QB의 빠른 판단과 정확한 패스 타이밍
- 수비의 움직임을 읽고 플레이 리듬 유지

선택지 제공

- 수비가 깊이 물러나 있을 때 효과적
- 짧고 빠른 패스할 수 있어, 공격의 속도를 유지하면서 리듬감 있는 플레이 전개 가능
- 훅 패턴으로 짧은 전진
- 수비가 앞으로 나오면 딥 패턴으로 전환하는 전술 연계 가능성
- 이 패턴을 사용하면 패스 성공률을 높이고, 짧고 빠른 속도의 공격 전개로 경기 흐름을 주도할 수 있다.

7

플래그풋볼 경기 방법

1 플래그풋볼 Think & Do

플래그풋볼(Flag Football)의 'Think & Do' 전략은 단순히 공을 던지고 받는 것을 넘어서, 전략적인 사고(Think)와 정확한 실행력(Do)을 함께 키우는 스포츠 교육 방법이다. 지능적인 판단력과 실제 상황에서의 실행 능력이 결합한 지능형 스포츠 활동이다. 플래그풋볼을 통해 전략적 사고력, 팀워크, 순발력을 즐겁게 배우고 성장할 수 있다.

문제를 해결하기 위해서 전개되는 스포츠의 등장!
Think & Do

우선 생각한다. 이야기한다. 공유한다! ▶	이미지화한다. 준비한다! ▶	실행한다. 달성한다! ▶

누구라도 할 수 있어, 생각을 키운다. Think & Do!
Team Sports입니다.

② 플래그풋볼(Flag Football) 경기 방법

플래그풋볼은 몸싸움 없이 전략과 순발력으로 플레이하는 안전한 미식축구 형태의 경기이다.

터치다운(Touchdown, TD)

터치다운(TD)은 공격팀이 공을 들고 엔드존에 들어가면 점수를 얻는 가장 중요한 득점 방법이다.

경기장

ENDZONE	NO RUNNING			NO RUNNING	ENDZONE

터치다운과 추가 득점(엑스트라 포인트)

- 터치다운 : 공격팀이 상대 엔드존에서 공을 받거나 들고 들어가면 득점(6점)!
- 추가 득점 기회(엑스트라 포인트) : 터치다운을 한 팀은 한 번 더 점수를 얻을 기회를 받는다.

1점 추가

- 5야드 지점에서 패스만 가능
- 성공 시 1점 추가 → 총 7점

2점 추가

- 10야드 지점에서 패스와 러닝 모두 가능
- 성공 시 2점 추가 → 총 8점

공격의 종료(End of Offensive Play)

플래그 제거(Flag Pull)

- 공을 가진 선수가 수비수에게 플래그를 뽑히면 즉시 플레이 종료
- 공을 뺏기는 것이 아니라 플래그가 뽑힌 지점에서 다음 플레이 시작

터치다운(Touchdown)

- 공을 가지고 엔드존에 도달하면 공격 종료
- 이후 추가 점수(Extra Point) 시도 진행

다운 횟수 초과(Turnover on Downs)

- 공격팀이 4번의 다운 내에 정해진 전진 거리(하프라인)를 이동하지 못하면 공격 종료
- 공격권이 상대팀에게 넘어감

패스 실패(Incomplete Pass)

- 패스를 던졌으나 공이 땅에 닿거나, 리시버가 공을 잡지 못하면 플레이 종료

- 다음 플레이는 공격을 처음 시작한 스크리미지 라인에서 재개됨.

인터셉션(Interception)

- 수비팀이 패스를 가로채면 즉시 공격 종료
- 수비팀이 공격으로 전환하며 인터셉트 후 플래그를 제거당한 지점에서 공격 시작

사이드라인 아웃(Out of Bounds)

- 공을 가진 선수가 필드 밖(사이드라인)으로 나가면 플레이 종료

퍼스트다운(First Down)

퍼스트다운(First Down)은 공격팀이 새로운 공격 기회를 얻는 것을 의미한다. 플래그풋볼에서는 4번의 다운 안에 하프라인을 이동해야 퍼스트다운을 획득할 수 있다.

퍼스트다운 획득 조건

- 공격팀이 4번의 다운 내에 정해진 하프라인을 넘으면 퍼스트다운을 획득
- 퍼스트다운이 주어지면 다시 4번의 공격 기회가 부여된다.

퍼스트다운 획득 후

- 새로운 공격 기회 4번의 다운으로 시작됨.
- 공격팀은 다시 허들(Huddle)을 할 수 있음.
- 퍼스트다운 위치로 이동하고, 공격팀이 새로운 플레이를 시작

퍼스트다운 실패(Turnover on Downs)

공격팀이 4번의 다운 동안 규정된 거리를 이동하지 못하면 공격권이 상대 팀으로 넘어감.

후방 패스(Lateral Pass)

뒤나 옆 방향으로 던지는 패스를 후방 패스라고 한다.
던지는 모양이 전방 패스처럼 보여도, 방향이 뒤나 옆이면 후방 패스다.
스크리미지 라인 넘기 전에는 후방 패스를 여러 번 해도 된다.
바로 옆으로 던지는 것도 후방 패스에 포함된다.
핸드오프(공을 손으로 직접 건네는 동작)도 후방 패스로 간주한다.

전방 패스(Forward Pass) 제한 규정

플래그풋볼에서는 전방 패스(Forward Pass)에 대한 제한이 있으며, 이를 정확히 이해하는 것이 경기 운영의 핵심이다.
전방 패스는 공격 1회당 1번만 가능하다. (한 번 던지면, 그 다음엔 전방 패스 금지)
전방 패스는 반드시 스크리미지 라인 뒤에서만 던져야 한다.
스크리미지 라인을 넘어서는 전방 패스, 후방 패스, 핸드오프 모두 금지다.
스크리미지 라인 뒤쪽에서는 후방 패스와 핸드오프는 횟수 제한 없이 가능하다.

인터셉션(Interception)

인터셉션은 수비팀이 공격팀의 전방 패스를 가로채는 것이다.
이 경우 공격은 즉시 종료되고, 수비팀이 공격권을 얻는다.
수비 선수가 공중에서 공을 가로챈 뒤에는 터치다운을 노리고 달릴 수 있다.
터치다운에 실패하더라도 멈춘 지점에서 수비팀의 공격이 시작된다.
상대 팀에게 공격 기회가 남아 있어도, 인터셉션이 발생하면 즉시 공수 교대가 된다.

▲ 위 사진에서 패스 캐치인가? 인터셉트인가? 결과는 하늘과 땅 정도의 차이!

노 러닝 존(No Running Zone)

노 러닝 존은 엔드존 앞 5야드 구역으로, 이 안에서는 러닝 플레이가 금지된다.
이 규칙은 근접 상황에서 생길 수 있는 충돌과 부상을 막기 위한 안전장치이다.
이 구역에서는 쿼터백이 직접 뛰는 러닝, 핸드오프 후 달리는 플레이 모두 반칙이다.
득점하려면 전방 패스로 공을 받거나, 받은 뒤 플래그를 빼앗기지 않고 엔드존에 들어가야 터치다운이 인정된다.

공격팀의 자책점(세이프티, Safety)

세이프티는 공격팀이 자기 팀 엔드존 안에서 플레이가 끝날 때, 수비팀에게 2점을 주는 득점 방식이다.
예를 들어, 공격 선수가 자기 팀 엔드존 안에서 플래그를 빼앗기거나, 엔드존 밖으로 나가면, 세이프티가 선언되며 수비팀이 2점을 얻는다.
세이프티는 플래그풋볼에서도 수비팀에게 유리한 상황을 만들어 주는 중요한 규칙이다.

③ 플래그풋볼 5 대 5 경기 중계방송 형식 시나리오

플래그풋볼 5대5 경기 – 중계방송 형식

전반전 시작!

안녕하세요, 플래그풋볼 스포츠 팬 여러분!
오늘 펼쳐지는 플래그풋볼 5대5, 백호팀과 청룡팀의 치열한 맞대결!
지금부터 함께하시겠습니다.

백호팀 공격

쿼터백, 스냅을 받았습니다 – **첫 번째 플레이!** – 오른쪽으로 과감하게 패스 시도!
성공! 5야드 전진! – 현재 2nd 다운, 20야드 남았습니다.
두 번째 공격, 이번에는 패스 패턴을 시도합니다!
완벽한 타이밍! 패스 성공, 15야드 전진! – 이제 3rd 다운, 5야드 남았습니다.
세 번째 다운, 러닝 플레이로 가는데 ~~오! – 부정한 출발(폴즈 스타트!)
백호팀, 5야드 페널티를 받으며 어려운 상황에 부닥칩니다.
이제 3rd 다운, 10야드 남았습니다.
쿼터백, 다시 한번 패스를 준비합니다! – 패스 – 성공! 5야드 전진!
4th 다운, 5야드 남은 상황! – 백호팀, 이제 마지막 기회입니다.

러닝백에게 다이브 핸드오프! – 6야드 전진!

퍼스트다운! – 백호팀, 중요한 첫 번째 다운을 성공시킵니다!

이제 터치다운을 노린다! – 패스~~아! 실패!

하지만 쿼터백, 침착하게 다시 패스를 시도! – 이번엔 성공! 리시버가 공을 잡아냅니다.

터치다운! 백호팀, 6점 획득!

이제 엑스트라포인트 기회! – 백호팀, 노 러닝 존에서 1점 시도! – 패스 성공!

추가 1점 획득, 백호팀은 총 7점을 기록합니다.

현재 백호팀 7점 – 청룡팀 0점!

청룡팀 공격

이제 청룡팀의 공격이 시작됩니다!

첫 번째 플레이, 쿼터백, 긴 패스를 시도합니다!

아! 수비팀의 반칙! – 디펜스 패스 인터피어런스(Pass Interference) (DPI) 발생!

10야드 전진과 함께 자동 퍼스트다운이 주어집니다! – 청룡팀, 기회를 잡았습니다!

다시 새로운 공격이 시작됩니다. – 쿼터백, 긴 패스를 시도합니다! – 완벽하게 연결!

리시버가 공을 잡아냅니다! – 터치다운!

청룡팀, 두 번의 공격으로 터치다운에 성공합니다!

점수는 6점 추가됩니다! – 이제 엑스트라포인트 기회! – 노 러닝 존에서 1점 시도!

패스 성공! – 1점 추가, 총 7점이 됩니다!

현재 백호팀 7점 – 청룡팀 7점!

이로써 양 팀 동점 상태입니다!

백호팀의 두 번째 시리즈 공격이 시작됩니다!

백호팀은 자기 지역 5야드에서 **첫 번째 공격을 시도합니다!** – 15야드 전진!

두 번째 공격, 패스 시도 – 아~! 반칙 발생!

부정한 포워드 패스 반칙(Illegal Forward Pass), 백호팀이 5야드 후퇴하고,

LOD(Loss of Down) 선언되며…. **이제 3rd & 15야드 상황,**

백호팀은 중요한 순간에 맞닥뜨립니다. – 쿼터백, 크로스 패스! – 성공!

16야드 전진하여 퍼스트다운을 확보! - 새로운 공격 기회를 얻었습니다.
백호팀, **퍼스트다운 후 짧은 패스 시도!** - 5야드 전진합니다.

이제 2nd & 20야드 상황입니다. - 쿼터백, 과감한 긴 패스!
엔드존을 목표로! - 리시버가 완벽하게 공을 잡아냅니다 - 터치다운!
백호팀, 다시 한번 터치다운 성공! - 이제 엑스트라포인트 1점! - 패스 성공! 추가 1점
현재 백호팀 14점 - 청룡팀 7점! - 백호팀, 리드를 확고히 합니다!

청룡팀 공격 - 전반전 1분이 남았습니다! - 청룡팀, 공격 시작!

곧바로 전원 직진 패스 - 긴 연결 성공! - 40야드 전진하며, **새로운 공격 기회 확보!**
이제 4번의 공격권을 가지고 남은 시간을 쫓아갑니다.
첫 번째 공격, 남은 시간 40초 - 타임아웃 요청!
1분 남은 상황에서 전략적으로 시간을 조절하려는 청룡팀. - 타임아웃을 마친 후
첫 번째 공격은 러닝 플레이 시도! - 1st & 20 야드! - 5야드 남았습니다!
그렇게 두 번째 타임아웃 요청!
두 번째 공격이 시작됩니다. - 2nd & 5 야드! - 쿼터백, 침착하게 짧은 패스 시도!
리시버가 잡아냅니다 - 그렇다면, 터치다운! - 청룡팀, 터치다운 성공!
이제 엑스트라포인트 2점 시도! - 미들 패스로 연결! - 리시버, 수비를 피해 전진, 터치다운 성공! - 결국 청룡팀 2점 추가!
백호팀 14점 - 청룡팀 15점! - 청룡팀이 역전하며 전반전 종료!

후반전 시작!

청룡팀의 첫 번째 공격이 펼쳐집니다.

1st 다운, 빠른 러닝 플레이로 전진을 시도! - 5야드 전진에 그칩니다.
두 번째 공격, 패스 시도! - 그러나 패스 실패! - Incomplete Pass.
세 번째 공격, 러닝 플레이 시도! - 이번엔 10야드 전진!
4th & 10야드 남은 상황, 이제 마지막 기회입니다.

4th 다운, 패스 시도! – 하지만 실패! – 청룡팀은 하프라인을 넘지 못합니다. 결국 백호팀으로 공격권이 넘어갑니다.

청룡팀의 공격이 아쉽게 종료되었고, 백호팀에게 공격 기회가 돌아갔습니다! 경기의 흐름이 어떻게 바뀔지, 후속 공격을 지켜보겠습니다!

백호팀 공격

이제 백호팀의 공격이 시작됩니다!

첫 번째 공격, 빠른 러닝 플레이로 전진을 시도합니다! – 중앙 돌파, 20야드 전진! 그러나! 점핑(Jumping) 반칙 발생! – 5야드 후퇴하며, **Loss of Down(LOD) 선언됩니다.**

이제 세 번째 공격 – 남은 거리 10야드! – 쿼터백, 과감한 코너 패턴으로 패스 시도! 공이 하프라인을 넘어가며, 리시버가 잡아냅니다!

다시 4번의 공격권을 확보합니다!

이제 첫 번째 공격! – 빠른 러닝 플레이로 10야드 전진!

두 번째 공격, 2nd & 15야드 상황. – 쿼터백, 과감한 아웃 패스! – 11야드 성공! 3rd & 4야드 상황이 됩니다. – **세 번째 공격, 노 러닝 존에서 짧은 패스 시도!** 수비와 충돌! – 패스 인터피어런스(DPI) 발생! – 자동 퍼스트다운(AFD)으로 4번의 공격권 확보! – 다시 엔드존 근처, 이번엔 짧은 패스 시도! –터치다운 성공!

이제 추가 2점 시도! – 10야드 지점에서 패스 연결! – 2점 성공!

현재 백호팀 22점 – 청룡팀 15점!

백호팀, 두 점 차 리드를 유지하며 경기를 계속 이어갑니다!

2분 경고 - 청룡팀 공격

2분 경고! – 경기 종료 2분 전, 2분 경고로 경기가 잠시 중단되었습니다.

이제 청룡팀의 공격이 재개됩니다! – 청룡팀 공격, 2분 남기고 공격이 시작됩니다! 첫 번째 플레이, 긴 패스 시도! – 30야드 성공으로 4번의 공격권을 다시 확보!

첫 번째 공격, 1st & 20야드! – 엔드존까지 20야드 남았습니다!

두 번째 공격, 러닝백, 노러닝존까지 전진! – 상대 수비를 피해 나가며 5야드 전진!

세 번째 플레이, 노러닝존 내에서 짧은 패스 시도! – 터치다운 성공!

청룡팀, 터치다운을 성공시키며 다시 점수를 추가합니다!

이제 추가 포인트 2점 시도! - 2점 추가 성공!
현재 백호팀 22점 - 청룡팀 23점!
청룡팀이 다시 역전하며 리드를 잡았습니다!
청룡팀의 대반격!
후반전 막판, 2분 경고 이후 청룡팀이 역전에 성공했습니다!
후반전 마지막 2분, 정말 짜릿한 승부가 펼쳐지고 있습니다!

백호팀 마지막 공격 - ⏱ 1분 남음

첫 번째 플레이, 빠른 짧은 패스 연결! 8야드 전진! - 타임아웃 요청, 남은 시간 50초!
두 번째 공격, 드로우 페이크 후 러닝 플레이 시도! - 중앙 돌파! 무려 20야드 전진!
다시 4번의 공격권을 확보하며, 시간은 일시 정지!
첫 번째 공격, 남은 시간 15초! - 쿼터백, 재빠른 패스 시도! 15야드 전진 성공!
타임아웃 요청, 마지막 기회다!
두 번째 공격, 백호팀! - 패스 연결 성공! 터치다운! - 그리고 추가 포인트 1점도 성공!
백호팀 29점 - 청룡팀 23점 - 경기 종료까지 단 10초 남았습니다!

청룡팀 마지막 공격 - ⏱ 10초 남음

첫 번째 공격, 패스 실패! - 남은 시간 6초!
두 번째 공격, 포스트 패턴으로 20야드 전진 성공! - 타임아웃 요청, 남은 시간 3초!
이제 세 번째 공격, 엔드존까지 30야드! - 마지막 플레이! 더블 패스 시도!
패스 성공! 리시버, 수비를 뚫고 엔드존 돌입! - 극적인 터치다운!!
동점 상황! 남은 시간 0초! - 마지막 엑스트라포인트 시도 - 승부를 가른다!
추가 득점 기회는 1점 시도! - 쿼터백, 옆으로 이동하며 3야드 패스 성공!
리시버, 곧바로 러닝 플레이 돌입! - 수비수를 피하며 엔드존 진입!!
최종 점수 : 백호팀 29점 - 청룡팀 30점 - 극적인 역전승!!

아나운서

"와, 정말 숨 가쁘게 펼쳐진 명승부였습니다!
마지막 순간까지 손에 땀을 쥐게 했던 백호팀과 청룡팀의 치열한 공방전,
결국 청룡팀이 단 1점 차로 짜릿한 역전승을 거두면서 경기를 마무리했습니다!"

해설위원

"네, 오늘 경기 정말 인상적이었습니다.
특히 후반 2분 경고 이후, 양 팀의 집중력과 전략이 빛났죠.
플래그풋볼 특유의 빠른 템포와 전술 싸움이 잘 드러난 경기였다고 생각합니다.
오늘 뛰어준 모든 선수에게 박수를 보내고 싶습니다.
저희도 계속해서 멋진 경기와 함께하겠습니다! - 감사합니다!"

2006년 IFAF 세계선수권대회 경기 장면. 대구

2017년 아시아 · 오세아니아 선수권대회 경기 장면. 필리핀

2024년 IFAF 세계선수권대회 국가대표팀 경기 장면. 핀란드

8

심판법 및 규칙

❶ 심판구성 및 역할

주심(Referee, R) 역할

플래그풋볼에서 주심(Referee, R)은 경기의 총괄 책임자로서, 경기의 원활한 운영을 책임지는 핵심 임무를 수행한다.
규칙을 숙지하고 공정하게 적용하는 것이 가장 중요한 역할이며, 경기 전·중·후 전반적인 흐름을 관리하는 역할을 맡는다.
경기 규칙을 집행하고 모든 심판진을 지휘한다. 주심의 주요 역할은 다음과 같다.

경기 전 역할

경기장과 장비 점검
필드의 크기, 엔드존, 다운 마커, 야드라인 등이 규정에 맞는지 확인

심판진 브리핑 및 팀 캡틴 미팅
심판진과 역할 및 시그널 확인. 각 팀 주장과 미팅을 진행하여 경기 운영 방식 설명

코인 토스 진행
킥오프 또는 공격권 선택을 결정하는 코인 토스 진행 및 결과 기록

경기 중 역할

경기 시작 및 종료 선언
휘슬을 사용하여 경기 시작 및 종료 시그널 선언

플레이 상황 판단 및 페널티 판정
규칙 위반 여부 확인 후 적절한 페널티 적용

다운 및 점수 확인
현재다운, 점수, 타임아웃 개수 기록 및 공지

QB 관리
경기 시간 및 QB 패스타임 7초 관리, 2분 경고(Two-Minute Warning) 선언

선수 및 코치와의 커뮤니케이션
경기 중 선수와 코치에게 판정 및 경기 진행 방식

경기 후 역할

최종 점수 및 기록 검토
공식 경기 기록과 점수를 최종 확인

심판진 회의 진행
경기 중 논란이 된 판정 및 개선 사항 논의

감독관 또는 경기 위원회에 보고
필요시 경기 결과 및 주요 판정에 대한 보고서 제출

기타 주요 사항

심판 시그널 사용
각종 반칙 및 경기 진행 상황을 정확히 전달하기 위해 공식 시그널 활용

냉정한 태도 유지
경기 중 선수, 코치, 관중과의 논쟁을 피하고 공정성을 유지

부심 심판진과 협력
부심과 협력하여 최종 판정을 내림.

7야드 심판(Field Judge, FJ) 역할

7야드 심판(FJ, Field Judge)은 필드에서 수비진 쪽 7야드 거리에서 경기 흐름을 관찰하며, 주로 수비팀 러셔의 반칙, 패스, 플래그 가딩 확인 임무를 수행한다.
주심(Referee, R)과 협력하여 공정한 경기 운영을 보장하는 역할을 한다.

경기 전 역할

장비와 경기장 점검
야드라인 확인. 공과 선수 장비 점검(특히 플래그 벨트 착용 여부)

배치 및 심판진 협력
수비팀 진영의 7야드 거리에서 주심과 역할 분담

경기 중 역할

7야드 라인 판정
- 수비팀이 스냅 전에 7야드 이상 떨어져 있는지 확인
- 블리처가 손을 들어 신호를 제대로 주었는지 확인(부정한 블리츠 판정)

수비 반칙 판정
부정한 러싱, 오프사이드, 블리츠, 부정한 접촉, 여부 확인

패스 플레이 판정
쿼터백의 패스 진행 여부 확인, 패스 방해 여부 판정

러닝 플레이 시
- 러너가 부정한 방법(플래그 가드, 점프, 다이빙)으로 피하는지 판정
- 부정한 플래그 당기기 판정

플레이 종료 후 판정 보조
플래그 가딩. 여부 확인. 볼 데드 선언 보조

주요 판정 반칙 목록

수비 반칙
오프사이드, 부정한 러시, 패스 방해, 부정한 플래그 당기기, 부정한 접촉

공격 반칙
부정한 패스, 쿼터백의 스크리미지 라인 넘기, 플래그 가딩

다운 심판(Down Judge, DJ) 역할

다운 심판(Down Judge, DJ)은 경기에서 스크리미지 라인(Line of Scrimmage, LOS)을 스크리미지 라인과 다운 관리를 담당하며, 부정한 출발, 오프사이드, 부정한 패스 등의 반칙을 판정한다.
경기 진행을 원활하게 유지하는 중요한 역할을 하며, 주심 및 7야드 심판과 긴밀히 협력하여 공정한 판정을 내린다.

경기 전 역할

경기장과 장비 점검
다운 마커, 공과 플래그 벨트, 장비가 규정을 준수하는지 확인

배치 및 심판진 협력
- 스크리미지 라인 근처에서 포지션을 잡고 경기 운영을 준비
- 주심 및 7야드 심판(FJ)과 역할 분담

경기 중 역할

스크리미지 라인 판정
- 공격팀이 선을 넘어 출발하지 않는지 확인(부정한 출발, 오프사이드 판정)
- 수비팀이 스냅 전에 진입 여부 확인

다운 및 거리 관리
- 현재 다운을 확인하고 다음 플레이에 반영
- 공이 데드볼 때 볼 위치를 확인하고 다음 플레이 위치 설정

패스 및 러닝 플레이 판정
- 쿼터백이 스크리미지 라인을 넘기 전에 패스했는지 확인
- 부정한 핸드오프 또는 부정한 패스 판정

플레이 종료 후, 볼 위치 설정
- 플래그 태그가 이루어진 지점에서 볼 데드 선언
- 다운 마커를 조정하여 다음 플레이를 준비

특수 상황 설정

공격팀의 딜레이 반칙, 타임아웃 요청 시 타임아웃 관리

주요 판정 반칙 목록

스크리미지 라인 반칙

부정한 출발, 오프사이드, 부정한 이동(Illegal Shift, Illegal Motion), 부정한 핸드오프

패스 및 러닝 플레이 반칙

부정한 포워드 패스, 부정한 백워드 패스, 플래그 가드

백 저지 심판(Back Judge, BJ) 역할

백 저지(Back Judge, BJ)는 수비측 후방에서 경기를 관찰하며, 주로 패스 판정, 득점 판정, 타임 관리를 담당하는 심판이다. 필드의 넓은 시야를 확보하여 경기의 원활한 진행을 돕고, 특히 패스 및 엔드존에서의 중요한 판정을 내리는 역할을 한다.

경기 전 역할

필드 및 장비 점검

엔드존, 다운 마커, 야드라인 확인, 공과 플래그 벨트, 장비 점검

배치 및 심판진 협력
- 필드 후방(15~20야드 지점)에서 수비 진영 준비 및 주심 및 다운 심판(DJ)
- 7야드 심판(FJ)과 역할 분담

경기 중 역할

수비 후방에서 경기 판정
- 엔드존 근처에서 패스 및 득점 상황 판정
- 수비팀의 부정한 접촉
- 패스 방해 여부 확인

패스 플레이 판정
- 리시버와 수비수 간의 접촉(패스 방해 여부) 확인
- 인터셉션 및 패스 완성 여부 판정
- 패스 방해(Defensive Pass Interference, DPI) 여부 확인

득점 및 엔드존 판정
- 터치다운(TD) 및 세이프티(Safety) 상황에서 볼 위치 확인 및 리시버가 엔드존에서 공을 합법적으로 잡았는지 확인
- 러너가 합법적으로 엔드존을 통과했는지 확인

타임 관리와 경기 종료 선언 보조
- 2분 경고(Two-Minute Warning) 주심에게 통보 및 플레이 시간(25초) 담당과 게임 지연 반칙 적용
- 경기 종료 시 최종 스코어 확인

필드 후방 반칙 판정
- 스포츠맨답지 않은 행위(Unsportsmanlike Conduct)
- 부정한 참여(Illegal Participation)
- 사이드라인 방해(Sideline Interference)

주요 판정 반칙 목록

패스 플레이 반칙
- 패스 방해(수비 또는 공격)
- 부정한 접촉(Illegal Contact)
- 부정한 터칭(Receiver Out of Bounds & First to Touch)

기타 반칙 판정
- 스포츠맨답지 않은 행위
- 부정한 참여(Too Many Players on the Field)
- 딜레이 게임(Delay of Game)

2 플래그풋볼 반칙 및 페널티 정리

> **참고** 페널티 참조
> - LOD(Loss of Down) : 해당 플레이에서 공격팀이 다운을 상실하게 됨.
> - AFD(Automatic First Down) : 수비팀의 반칙으로 인해 공격팀이 자동으로 첫 번째 다운을 획득함.
> - DB(Dead Ball Foul) : 플레이가 종료된 후 발생하는 반칙
> - BS(Basic Spot Enforcement) : 반칙을 적용하는 지점
> - SF(Spot Foul Enforcement) : 반칙이 시행되는 지점
> - SL(Scrimmage Line Enforcement) : 스크리미지 라인에서 적용하는 반칙

5야드 페널티

반칙	규칙 번호	페널티
부정한 스냅 (Illegal Snap)	7-1-1	DB
게임 지연 (Delay of Game)	7-1-1	DB
부정한 스냅 (Illegal Snap)	7-1-2	DB
진영 침범, 부정한 출발 (Encroachment, False Start)	7-1-3	DB
부정한 이동, 부정한 모션 (Illegal Shift, Illegal Motion)	7-1-3	SL
오프사이드, 시그널 방해, 부정한 블리처 시그널 (Offside, Signal Interference, Illegal Blitzer Signal)	7-1-4	DB
부정한 러쉬 (Illegal Rush)	7-1-4	SL
쉴딩 (Shielding)	9-2-2	BS
부정한 플래그 당기기 (Illegal Flag Pulling)	9-2-2	BS
부정한 패스 발차기 (Illegal Kicking of Pass)	9-2-2	BS
부정한 참여 (Illegal Participation)	9-2-2	SL
사이드 라인 방해 (Sideline Interference)	9-2-2	SL
남은 타임아웃 없이 신청된 타임아웃 (Timeout Request Without Remaining Timeout)	9-2-2	DB
부정한 교체 (Illegal Substitution)	9-3-1	SL

LOD(Loss of Down) 다운 상실 5야드 페널티

반칙	규칙 번호	페널티
주자에 의한 부정한 킥 (Illegal Kick by Runner)	6-1-1	SF
부정한 러닝 플레이 (Illegal Running Play)	7-1-3	SL
부정한 핸드오프 (Illegal Handoff)	7-1-5	SF
부정한 백워드 패스 (Illegal Backward Pass)	7-2-1	SF
패싱 팀이 앞으로 타격한 백워드 패스 (Illegal Forward Batting of Backward Pass)	7-2-5	SF
부정한 포워드 패스 (Illegal Forward Pass)	7-3-2	SF
점프 또는 다이빙 (Jumping or Diving)	9-2-2	SF
플래그 가딩 (Flag Guarding)	9-2-2	SF

10야드 페널티

반칙	규칙 번호	페널티
스포츠맨답지 않은 행위 (Unsportsmanlike Conduct)	9-2-1	DB

다운상실 LOD(Loss of Down)
자동 퍼스트다운 AFD(Automatic First Down) 10야드 페널티

반칙	규칙 번호	페널티
패스 방해 (Pass Interference)	7-3-3	BS
부정한 접촉 (Illegal Contact)	9-1-1	BS
게임 방해 (Game Interference)	9-1-2	BS

다운 상실(LOD)

반칙	규칙 번호	페널티
패스 지연 (Pass Delay)	7-1-3	SL
부정한 터칭 (Illegal Touching)	7-2-5	SL

타임아웃 부과

반칙	규칙 번호	페널티
부정한 장비를 착용한 선수가 경기장을 떠나지 않음 (Player Wearing Illegal Equipment Fails to Leave Field)	9-2-2	DB
장비가 빠진 플레이어가 필드를 떠나지 않음 (Player Without Required Equipment Fails to Leave Field)	9-2-2	DB
출혈이 있는 부상 선수가 경기장을 떠나지 않음 (Injured Player with Bleeding Fails to Leave Field)	9-2-2	DB
챌린지 실패 (Failed Challenge)	12-1-4	DB

③ 플래그풋볼 심판 시그널 번호

번호	설명
S1	경기 준비 (Ready for play)
S2	계시 시작 (Start the clock)
S3	계시 정지 (Stop the clock)
S5	터치다운 (Touchdown)
S6	세이프티 (Safety)
S8	퍼스트 다운 (First Down)
S9	다운 상실 (Loss of down)
S10	인컴플리트 패스 (Incomplete pass)
S14	피리어드 종료 (End of period)
S18	오프사이드 / 부정한 블리츠 (Offside / Illegal Blitz)
S19	부정한 출발 / 부정한 절차 (False start / Illegal procedure)
S21	경기 지연 / 패스 지연 (Delay of game /Delay of pass)
S22	부정한 참가 / 부정한 교체 (Illegal participation / Illegal substitution)
S27	스포츠맨답지 않은 행위 (Unsportsmanlike conduct) AFD (Automatic First Down)
S33	패스 인터페어런스 (Pass Interference)
S35	부정한 포워드 패스 (Illegal forward)
S38	부정한 접촉 (Illegal contact)
S43	쉴딩 (Shielding)
S47	퇴장 (Disqualification)
S51	점프 / 다이빙 (Jumping / Diving)
S52	플래그 가딩 / 부정한 플래그 제거 (Flag guarding / Illegal flag pull)

Official Flag Football Signals

S 1 Ready for play	**S 2** Start the clock / **S 3** Stop the clock	**S 5** Touchdown	**S 6** Safety
S 8 First Down	**S 9** Loss of down	**S 10** Incomplete pass	**S 14** End of period
S 18 Offside / Illegal Blitz	**S 19** False start / Illegal procedure	**S 21** Delay of game / Delay of pass	**S 22** Illegal participation / Illegal substitution
S 27 Unsportsmanlike conduct	**S 33** Pass Interference	**S 35** Illegal forward or backward pass	**S 38** Illegal contact
S 43 Shielding	**S 47** Disqualification	**S 51** Jumping Diving	**S 52** Flag guarding Illegal flag pull

4 심판 판정 및 절차

경기 준비(Ready for Play) 〈S1〉

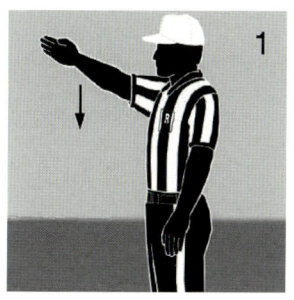

심판이 공을 시작 위치에 놓고(Spotting the Ball) 플레이를 시작할 수 있음을 선언하는 과정이다.

심판이 휘슬 또는 시그널을 통해 공격팀이 스냅을 할 수 있도록 신호를 준다.

이 신호 이후 공격팀은 주어진 플레이 시간(Play Clock) 내에 공격을 시작해야 한다.

경기 준비 절차

플레이 종료 후 공의 위치 결정

이전 플레이가 끝나면, 심판은 볼 데드(Dead Ball) 상태를 선언한다.
볼이 어디에 위치해야 하는지 판단하여 공을 올바른 지점에 놓는다.

다운과 위치 선언

현재 다운(예 : 1st, 2nd, 3rd, 4th 다운)과 볼의 위치를 정확히 확인

공격팀과 수비팀 정리

공을 플레이할 준비가 되었는지 확인, 공을 잡을 센터(Center)와 쿼터백(Quarterback)이 준비할 시간을 준다.

경기 준비 시그널(Ready for Play)

공을 올바른 위치에 놓은 후, 심판이 휘슬을 불거나 손을 들어 시그널을 준다.
이 시그널이 울리면 공격팀은 플레이 시간(Play Clock) 안에 플레이를 시작해야 한다.

경기 준비 관련 규칙 및 위반 사항

플레이 시간 초과(Delay of Game)
공격팀이 심판의 준비 시그널 후 플레이 시간 내에 스냅을 하지 않으면 딜레이 오브 게임(Delay of Game) 반칙이 5야드 페널티 적용

공격팀의 미준비
공격팀이 충분히 준비되지 않은 상태에서 스냅을 시도하면 반칙

수비팀의 부정한 움직임
수비팀이 심판의 시그널 전에 라인업을 시도하거나 오프사이드(Offside) 위치에 있을 때 반칙이 적용된다.

심판의 역할
공을 정확한 위치에 놓고, 시그널을 준다.
팀들이 정렬할 시간을 준 후, 경기 진행을 위한 준비 시그널을 보낸다.
플레이 시간을 확인하고, 위반 여부를 판단한다.

경기 시작 시간(Start the Clock) 〈S2〉

2분 경고(Two-Minute Warning 적용)

정상적인 플레이 종료 후
- 러닝 플레이, 패스 플레이, 태그, 공이 필드 안에서 데드볼(Dead Ball) 상태가 되면 심판은 시간을 계속 운영해야 함.
- 공격팀이 플레이를 준비하면 시간이 다시 시작됨.

아웃 오브 바운즈(Out of Bounds) 후
- 공을 가진 선수가 사이드라인을 넘어 벗어나면 플레이가 종료되고 계시가 멈춤.
- 다음 스냅부터 다시 시간을 시작함.

반칙(Penalty) 이후
- 반칙이 발생하면 심판이 반칙을 적용한 후, 경기 상황에 따라 시간을 다시 시작해야 함.
- 반칙 후에도 필드 내에서 플레이가 재개되면 시간이 시작됨.

득점(터치다운, 세이프티) 이후
터치다운, 세이프티, 추가 점수 시도(Conversion Attempt) 또는 준비가 완료 후 시간 시작

타임아웃(Timeout) 후
팀 또는 심판이 요청한 타임아웃 후, 공격팀이 플레이 준비가 되면 시간이 다시 시작됨.

경기 시간 시작 판정 절차

경기 상황 확인
- 플레이 종료 후 시간을 계속 진행할지, 멈출지 판단
- 반칙, 득점, 타임아웃이 있었는지 확인

계시 시작 시그널(Start the Clock Signal)
- 심판은 한 팔을 위에서 아래로 돌리는 동작을 한다.
- 계시 시작 시그널(Start the Clock Signal)를 보냄.
- 경기 시간을 관리하는 운영자가 시그널에 맞춰 시간을 다시 시작해야 함.

경기 재개 안내
공격팀과 수비팀이 준비되었는지 확인 후 계시를 다시 시작함.

계시 시간이 정지되는 경우(Clock Remains Stopped)

타임아웃이 호출되었을 때
팀 또는 심판이 공식 타임아웃을 요청한 경우, 시간은 정지된 상태로 유지됨.
플레이 준비가 완료된 후, 심판이 시그널을 보내야 시간이 다시 시작됨.

득점 이후 추가 시도까지
터치다운, 세이프티 이후 추가 점수 시도 준비가 완료될 때까지 시간은 정지

아웃 오브 바운즈 후 특정 상황에서
경기 종료 2분 전(2-Minute Warning)부터, 공이 아웃되면 시간이 즉시 멈추고 다음 스

냅 전까지 유지됨.

페널티 또는 심판 재량으로 정지될 때
- 특정 반칙(예: 퍼스널 파울, 심각한 부상) 후, 시간이 멈출 수 있음.
- 경기운영 위해 판단

심판의 주요 역할 및 시그널
- 경기 시간 시작 선언
- 경기 진행 확인
- 경기 상황 판단
- 정확한 시간 관리

경기 시간 정지(Stop the Clock) 〈S3〉

시간 정지(Stop the Clock)의 판정 기준

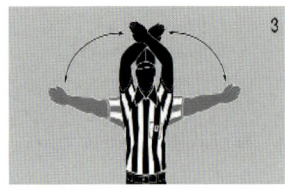

팀 타임아웃(Team Timeout)
- 각 팀은 전반전과 후반전에 지정된 타임아웃을 요청할 수 있음.
- 타임아웃이 선언되면 즉시 시간이 정지됨.
- 시그널은 팔을 타임아웃 요청한 팀을 향하여 두 팔을 들어 앞으로나란히 동작을 만들며 타임아웃 선언

패스 인컴플리트(Incomplete Pass)
- 쿼터백이 던진 패스가 땅에 떨어지거나, 공을 잡지 못한 경우
- 인컴플리트 선언과 동시에 시간이 정지됨.
- 시그널은 양팔을 좌우로 벌려 X로 교차하는 모양으로 인컴플리트 패스를 시그널

아웃 오브 바운즈(Out of Bounds)
- 공을 가진 선수가 사이드라인을 넘어 벗어났을 경우
- 공이 필드 밖으로 나간 순간 시간이 정지됨.
- 시그널은 한 팔을 옆으로 들어 아웃 오브 바운즈 시그널

득점(터치다운, 세이프티) 이후
- 득점이 발생하면 시간이 즉시 정지됨.
- 터치다운 후 추가 점수 시도(Conversion Attempt) 준비가 끝날 때까지 계시는 멈춤.

반칙(Penalty) 발생 후
- 반칙이 선언되면 심판이 판정 및 페널티 적용을 할 때까지 계시가 정지됨.
- 시간이 다시 시작되는 시점은 심판이 결정하며, 반칙 상황에 따라 다를 수 있음.

2분 경고(Two-Minute Warning)
- 전반전과 후반전이 끝나기 2분 전이 되면 자동으로 시간이 정지됨.
- 시그널은 양손으로 숫자 2를 표시하며 "2분 경고" 선언

심각한 부상(Serious Injury)
- 선수가 다쳐 즉각적인 치료가 필요할 경우 시간을 정지
- 안전이 최우선이므로, 부상이 발생하면 즉시 계시를 멈추고 의료진을 호출
- 시그널은 팔을 머리 위로 교차하여 경기 중단 시그널

심판 재량으로 경기 운영을 위해 필요한 경우
- 필드 상황이 정상적이지 않을 때
- 기상 문제 또는 경기 시설 문제로 인해 경기가 중단될 경우
- 시그널은 두 손을 머리 위로 들어 경기 중단 시그널

경기 시간 정지에 대한 판정 절차

경기 상황 확인
위의 조건에 해당하는지 확인하고 즉시 계시를 멈춰야 하는지 판단

계시 정지 시그널(Stop the Clock Signal)
- 심판은 양팔을 머리 위에서 교차하는 시그널을 하며 "Stop the Clock"을 선언
- 시간 운영자는 심판의 시그널을 확인하고 즉시 시간을 멈춰야 함.

경기 진행 안내 및 계시 재개 결정
- 계시를 멈춘 후, 반칙 적용, 부상 처리, 전략 조정 등 필요한 조치를 진행
- 경기 상황에 따라 심판이 계시를 다시 시작할 시점을 결정함.

경기 시간이 계시 되지 않는 경우(Clock Remains Stopped)

팀이 타임아웃을 사용하였을 때
타임아웃이 끝날 때까지 시간이 계속 정지됨.

득점 이후 추가 점수 시도 완료까지
터치다운, 세이프티 이후 추가 점수 시도가 완료될 때까지 시간 정지

반칙이 발생한 후 심판이 시간을 멈춰야 한다고 결정하였을 때
심판이 반칙을 검토하고 설명하는 동안 시간이 멈춤.

부상자가 발생하여 경기가 일시 정지되었을 때
부상자가 경기장에서 벗어날 때까지 시간 정지

심판의 주요 역할 및 시그널

- 경기 시간 정지 선언
- 경기 진행 확인
- 정확한 계시 운영
- 계시 재개 여부 판단

터치다운(Touchdown) 〈S5〉

터치다운(Touchdown)은 플래그풋볼에서 가장 중요한 득점 방법으로, 공을 가진 공격 선수가 엔드존(End Zone) 안으로 들어가거나, 엔드존에서 공을 받았을 때 인정된다.

터치다운 득점 기준

공을 가진 공격 선수가 엔드존에 들어갈 때
공이 엔드존의 골라인(Goal Line)을 넘어가면 터치다운으로 인정된다.

엔드존에서 패스를 성공적으로 받았을 때
공을 가진 선수가 엔드존 안에서 두 발이 지면에 닿은 상태에서 공을 잡으면 터치다운이다. 패스를 받은 후 착지하기 전에 수비수에 의해 공을 놓치면 터치다운이 인정되지 않는다.

공이 엔드존 안에서 캐치된 경우

공격팀이 엔드존 안에서 공을 잡은 순간 터치다운으로 인정된다.

터치다운 득점 방식

터치다운(TD)은 6점이 주어진다.

터치다운 후, 공격팀은 추가 점수 기회를 가진다(Conversion Attempt).

추가점 시도(Point After Touchdown, PAT)

터치다운 후 공격팀은 1점 또는 2점 추가 득점(PAT, Point After Touchdown) 기회를 얻는다.

1점 추가(1-Point Attempt)

엔드존에서 5야드 떨어진 곳에서 패스로 엔드존에 도달하면 성공 1점 추가

2점 추가(2-Point Attempt)

엔드존에서 10야드 떨어진 곳에서 플레이 진행, 패스 또는 러닝 플레이로 득점 시 2점 추가

터치다운이 아닌 경우(No Touchdown)

공이 엔드존 안으로 들어가지 않았을 때

선수가 엔드존 근처까지 갔지만 공이 골라인을 넘지 않으면 터치다운이 아니다.

플래그가 제거되었을 때

선수가 엔드존에 도착하기 전에 수비수가 플래그를 제거하면 터치다운이 인정되지 않는다.

공격수가 공을 놓치면(Incomplete Catch or Fumble)

엔드존에서 패스를 잡기 전에 땅에 떨어지면 터치다운이 되지 않는다.

공을 잡았지만, 착지 전에 수비수에 의해 공을 놓치면 득점으로 인정되지 않는다.

심판의 역할

- 공이 엔드존을 넘어가는지, 선수가 정상적으로 착지했는지 확인
- 패스 성공 여부 및 플래그 제거 여부 판단
- 터치다운 시그널 후 추가점 시도 진행

터치다운 후 경기 진행

추가점 시도 후, 득점을 성공한 팀은 수비로 전환된다.
상대 팀이 공격을 시작할 준비를 한다.
경기 재개 후, 새로운 공격 드라이브가 시작된다.

세이프티(Safety) 〈S6〉

세이프티(Safety)는 수비팀이 점수를 얻을 수 있는 중요한 경기 상황으로, 공격팀이 자신의 엔드존에서 반칙을 범하거나, 태그되거나, 공이 데드볼(Dead Ball) 상태가 될 때 발생한다. 세이프티가 선언되면 수비팀이 2점을 득점하며, 수비팀이 다시 공격으로 플레이하게 된다.

세이프티 판정 기준

공격팀이 자신의 엔드존에서 플래그가 제거되었으면, 공을 가진 선수가 자신의 엔드존에서 수비수에게 플래그를 제거당하면 세이프티이다.

예 쿼터백이 엔드존에서 패스를 준비하다가 수비수에게 태그되면 세이프티 발생

공격팀이 엔드존에서 규칙 위반하였을 때
공격팀이 자기 엔드존 안에서 반칙하면 세이프티가 선언된다.

공이 엔드존을 넘어 데드볼 상태가 된 경우
센터의 스냅이 쿼터백을 넘어가 엔드존 밖으로 굴러 나가면 세이프티 선언

세이프티 판정 절차

공의 위치 및 상태 확인
공이 공격팀의 엔드존에서 데드볼이 되었는지 확인한다.
공을 가진 선수가 플래그가 제거된 위치가 엔드존인지 확인한다.
반칙이 발생했을 경우, 반칙이 이루어진 위치가 엔드존 내인지 판단한다.

세이프티 선언
세이프티가 성립하면 심판은 두 손을 머리 위로 올려 손바닥을 맞대는 시그널을 보낸다.
휘슬을 불어 플레이 종료를 알린다.

경기 재개 준비
세이프티 이후, 득점팀은 자신의 5야드 라인에서 퍼스트다운 플레이 시작

세이프티가 아닌 경우(No Safety)

공격팀이 엔드존을 빠져나와 태그되었을 때
선수가 엔드존에서 출발했지만, 필드로 나와 태그된 경우는 세이프티가 아니다.

수비팀의 반칙으로 엔드존에서 플레이가 중단되었을 때
수비팀이 반칙을 저질러 플레이가 멈췄다면 세이프티가 아니라 수비 반칙 페널티가 적용된다.

공이 엔드존에서 데드볼, 수비팀이 먼저 닿았을 때
공이 엔드존에서 데드볼 상태가 되었지만, 데드볼 이전에 수비팀이 먼저 공을 터치했다면 세이프티가 아니라 터치백(Touchback)으로 판정된다.

심판의 주요 역할 및 시그널

- 세이프티 선언
- 공의 위치 확인
- 플래그 제거 여부 확인
- 반칙 판정

 **참고** 터치백(Touchback) 정리

터치백은 공격팀 엔드존에서 데드 상태가 되는 경우에 발생한다.

볼이 골라인 선상이나 골라인 후방 데드 상태가 되는 경우
- 실패한 패스나 펌블을 제외하고, 볼이 엔드존에 닿거나 엔드존을 넘어갔을 때
- 볼에 대한 책임이 공격팀에게 있을 때

수비수가 5야드 라인과 골라인 사이에서 패스를 가로챘을 경우
인터셉트한 수비수가 탄력에 의해 엔드존으로 들어가고, 볼이 엔드존에 남아 있는 상태에서, 플레이가 종료될 때 이때 볼이 데드 상태가 되어 터치백이 선언됨.

터치백 후 진행 방식
터치백이 선언된 후 수비팀은 자신의 5야드 라인에서 공격을 시작한다.

퍼스트다운(First Down) ⟨S8⟩

플래그풋볼에서 퍼스트다운(First Down)은 공격팀이 새로운 공격 기회를 얻는 중요한 판정이다.
퍼스트다운은 정해진 야드(하프라인)를 전진했을 때 획득되며, 심판이 이를 정확히 판단해야 한다.

퍼스트다운 판정 기준

공격팀이 하프라인을 전진하였을 때

페널티에 의해 자동 퍼스트다운이 부여되었을 때 수비팀이 특정 반칙(예 : 패스 인터페어런스)을 저지르면 공격팀에게 자동으로 퍼스트다운이 주어진다.

기본다운(4번의 다운) 내에 퍼스트다운을 달성하였을 때

공격팀이 부여된 다운 내에 하프라인 돌파하면 새로운 퍼스트다운이 주어진다.
만약 지정된 거리 하프라인을 넘지 못하면, 공격권이 상대팀에게 넘어갑니다.

퍼스트다운 판정 절차

공의 위치 확인(Spotting the Ball)
심판은 공이 현재 위치에서 퍼스트다운 마커를 넘어섰는지 정확히 측정해야 한다.

퍼스트다운 여부 선언
퍼스트다운이 인정되면 심판은 한 팔을 앞으로 뻗어 퍼스트다운 시그널을 보낸다.
휘슬을 불어 공격팀의 새로운 공격 기회를 알린다.

퍼스트다운이 아닌 경우(No First Down)

공격팀이 4 다운 내에 하프라인을 도달하지 못한 경우
공격팀이 주어진 4번의 기회 내에 퍼스트다운을 획득하지 못하면 공격권이 상대팀에게 넘어갑니다(Turnover).

반칙으로 인한 거리 후퇴(Penalty Setback)
공격팀이 페널티를 범해 후퇴하면 퍼스트다운이 무효가 될 수 있다(예 : 홀딩, 부정한 블로킹).

공격팀이 퍼스트다운에 필요한 거리보다 짧게 전진하였을 때
심판이 공의 위치를 측정했을 때 퍼스트다운 라인을 넘지 못한 경우

심판의 주요 역할 및 시그널

- 퍼스트다운 선언
- 공의 위치 측정
- 반칙 여부 확인

다운 상실(Loss of Down) ⟨S9⟩

다운 상실(Loss of Down, LOD)은 특정 반칙이 발생했을 때 공격팀이 현재 다운을 상실하고, 다음 다운으로 바로 넘어가도록 적용되는 페널티이다.

이는 공격팀의 플레이 기회를 줄이는 강력한 페널티로, 주요 반칙에서 사용된다.

다운 상실(Loss of Down) 판정 기준

부정한 포워드 패스(Illegal Forward Pass)
- 쿼터백이 라인 오브 스크리미지(LOS)를 넘어서 전진 패스를 던졌을 때
- 한 플레이에서 두 번째 전진 패스를 시도했을 때
- 페널티 반칙이 시행되는 지점에서 5야드 후퇴＋LOD 다운 상실 〈SF〉

공격 패스 인터페어런스(Offensive Pass Interference, OPI)
- 공격 선수가 수비수를 밀거나 당겨 패스를 받을 유리한 위치를 만들었을 때
- 페널티 반칙을 적용하는 지점에서 10야드 후퇴＋LOD 다운 상실 〈BS〉

다운 상실(Loss of Down) 판정 절차

반칙 여부 판단
심판은 반칙이 다운 상실을 동반하는지 확인
예 전진 패스가 두 번 발생했는지

반칙 선언 및 페널티 적용
- 심판은 엘로우 플래그(Flag)을 던지고, 양팔을 머리 뒤로 올린 후 뒷 목을 잡는 시그널(Loss of Down Signal) 사용
- 반칙이 선언되면 야드 페널티＋현재다운 상실(다음다운 진행)
예 2nd 다운에서 반칙 발생 시 → 3rd 다운으로 이동

경기 재개
반칙이 적용된 후, 다음 다운에서 공을 스냅 할 위치를 지정한 후 경기 진행

다운의 상실이 아닌 경우(No Loss of Down)

일반적인 5야드 페널티 반칙
예 부정한 출발, 오프사이드
다운 상실 없이 5야드 후퇴 후 동일한 다운 유지

수비 반칙이 발생하였을 때
수비 반칙이 발생하면 공격팀은 자동 퍼스트다운을 받는다.

심판의 주요 역할 및 시그널

- 다운 상실 선언
- 페널티 적용
- 반칙 발생 위치 확인
- 경기 진행 확인

인컴플리트 패스(Incomplete Pass) 〈S10〉

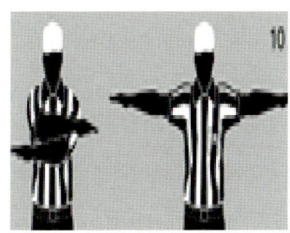

인컴플리트 패스(Incomplete Pass)란 공격팀이 던진 패스가 공격 선수에게 성공시키지 못하였거나, 유효한 상태로 유지되지 못한 경우를 의미한다.

인컴플리트 패스는 공격팀의 플레이를 중단시키는 중요한 요소이며, 심판은 정확한 판정을 통해 공이 유효하게 캐치가 되었는지 인컴플리트 패스인지를 판단해야 한다.

인컴플리트 패스 판정 기준

공이 지면에 닿았을 때

쿼터백이 던진 패스가 선수가 잡기 전에 지면에 떨어지면 인컴플리트 패스로 선언된다.

공을 잡은 후 완전한 컨트롤을 유지하지 못한 경우

선수가 패스를 잡았지만 착지하기 전에 공을 떨어뜨리면 인컴플리트 패스이다.
공을 잡은 후 컨트롤하지 못하고 손에서 빠져나가거나 떨어졌을 경우도 인컴플리트 패스로 판정된다.

패스를 잡았지만, 필드 안에서 유효한 착지를 하지 못한 경우

선수의 두 발이 필드 안에 닿지 않은 상태에서 공을 캐치 하였으나 착지가 필드 밖이면 인컴플리트 패스로 선언된다.

패스를 받은 선수가 공을 땅에 닿기 전에 떨어뜨렸을 때

선수가 공을 잡았지만, 착지 전에 공을 놓친다면 인컴플리트 패스이다.

패스된 공이 수비 선수나 다른 선수에 의해 쳐진 후 지면에 떨어졌을 때

패스된 공이 수비 선수나 공격 선수의 손에 맞고 지면에 닿으면 인컴플리트 패스로 선언된다.

인컴플리트 패스 판정 절차

패스의 최종 결과 확인
공이 땅에 닿았는지 확인한다.
선수가 공을 잡은 후 착지했는지, 또는 컨트롤을 유지했는지 확인한다.
공이 선수를 맞고 튕겨 나가 땅에 떨어졌는지 확인한다.

인컴플리트 패스 선언
심판은 양팔을 양옆으로 벌리는 X자 교차하는 시그널(Incomplete Pass Signal)를 보낸다.
휘슬을 불어 플레이 종료를 알린다.
다음의 다운이 진행되며, 공이 스냅 될 위치를 지정한다.

다운 및 경기 재개
인컴플리트 패스가 선언되면 공격팀은 원래 스냅 위치에서 다시 플레이한다.
공격팀이 4번의 다운 내에 퍼스트다운을 획득하지 못하면, 상대팀에게 공격권이 넘어간다(Turnover on Downs).

인컴플리트 패스가 아닌 경우

선수가 공을 완벽하게 잡고 착지한 후 떨어뜨렸을 때
공을 잡고 나서 몇 걸음 이동한 후 놓쳤다면 완성된 패스로 인정된다.

패스를 받은 후 두 발이 필드 안에서 닿았으면
두 발이 필드 안에 닿고 공을 완전히 컨트롤한 후 떨어뜨리면 완전한 패스로 판정된다.

심판의 주요 역할 및 시그널

- 인컴플리트 패스 선언
- 패스의 최종 상태 확인
- 공이 지면에 닿았는지, 착지가 유효했는지 판단
- 공격팀의 다음 다운을 진행할 위치 결정
- 반칙 여부 체크 패스 방해(패스 인터페어런스) 등의 반칙이 있었는지 판단

피리어드 종료(End of Period) ⟨S14⟩

피리어드 종료(End of Period)는 경기의 전반전(Halftime) 또는 후반전(Full-Time), 종료 시점을 결정하는 중요한 심판 판정이다.
심판은 정확한 경기 시간을 관리하고, 적절한 절차를 통해 피리어드 종료를 선언해야 한다.

피리어드 종료(End of Period) 판정 기준

공식 경기 시간이 모두 소진되었을 때
플래그풋볼 경기에서는 전반(1st Half)과 후반(2nd Half)으로 나뉘며, 각 피리어드는 정해진 시간 동안 진행됨.
📌 전후반 20분, 전반전 후 휴식 시간은 2분이다.
시간이 0초가 되면 그 순간 진행 중인 플레이가 끝나면 피리어드 종료

정해진 플레이 수가 모두 끝났을 때
정해진 추가 플레이가 모두 끝나면 피리어드 종료

터치다운(Touchdown) 또는 스코어가 발생한 후 종료될 때
전반, 후반 종료 직전에 터치다운이 발생하면, 추가 점수 시도(Conversion Attempt) 후 종료됨.

심판이 경기 종료를 선언했을 때
경기 시간은 남아 있지만, 천재지변, 부상, 특별한 경기 상황 등으로 인해 심판이 종료를 선언할 수 있음.

피리어드 종료 판정 절차

경기 시간 확인
- 심판은 경기 시간이 0초에 도달했는지 확인
- 계시가 0초가 되어도 진행 중인 플레이가 있으면, 해당 플레이가 끝날 때까지 경기 진행

피리어드 종료 시그널(End of Period Signal)
- 심판은 한 손을 머리 위로 들어 교차하는 시그널을 보내서 피리어드 종료 선언
- 동시에 휘슬을 길게 불어 플레이 종료를 명확히 알림.

피리어드 종료 후 경기 진행 방법 안내
- 전반전 종료 시 : 하프타임(Halftime) 적용 후 후반전 준비
- 후반전 종료 시 : 경기가 종료되고 최종 점수 발표
- 연장전(Overtime) 적용 시 : 심판이 경기 규칙에 따라 연장전 절차 설명 후 진행

피리어드 종료 후 발생할 수 있는 상황

연장전(Overtime) 여부 확인
- 정규 경기 시간이 끝났으나, 동점(Tie)일 경우 리그 규정에 따라 연장전 진행 가능
- 심판은 연장전 규칙을 설명한 후 경기 진행

추가 점수 시도(Conversion Attempt) 진행 여부
피리어드 종료 직전에 터치다운이 발생하면, 1점 또는 2점 추가 점수 시도 후 피리어드 종료

경기 종료 후 페널티 적용 여부
피리어드 종료 직전에 반칙이 발생하면, 해당 반칙에 대한 페널티가 적용된 후 종료
예 수비 반칙(Defensive Penalty)이 발생하면, 공격팀은 추가 플레이를 받음.

심판의 주요 역할 및 시그널
- 피리어드 종료 선언
- 경기 시간 체크
- 연장전 여부 확인
- 반칙 적용 여부 판단

오프사이드(Offside) 및 부정한 블리츠(Illegal Blitz) ⟨S18⟩

오프사이드(Offside)

스냅 전에 수비팀 선수가 라인 오브 스크리미지(LOS, Line of Scrimmage)를 넘어서는 경우 오프사이드 반칙이 선언된다.

판정 기준

- 스냅 시점에서 수비팀 선수가 LOS를 넘어있으면 반칙 선언
- 단, 스냅 전에 오프사이드 위치에서 벗어나 원래 자리로 돌아오면 반칙이 아님.
- 주심(Referee)과 라인져지(Line Judge)가 주로 확인하며, 플래그를 던져 반칙을 선언
- 5야드 페널티, 다운 유지

부정한 블리츠(Illegal Blitz)

플래그풋볼에서 블리츠(Blitz)는 수비수가 LOS를 넘어 쿼터백을 향해 돌진하는 플레이이다.

판정 기준

- 수비수가 블리츠 라인 밖에서 출발하지 않고 바로 돌진하는 경우
- 수비수가 오프사이드 상태에서 블리츠를 시도하는 경우
- 5야드 페널티다운 유지 ⟨SL⟩

심판 판정 방법

오프사이드 판정
- 스냅 전 수비수의 위치를 확인
- 스냅 시점을 기준으로 LOS를 넘어있는지 판단

부정한 블리츠 판정
- 블리츠 라인 7야드 기준으로 수비수의 출발 위치 확인
- 블리츠 라인 7야드 기준으로 스냅 전 손을 들어 표시 여부 체크

반칙 선언
- 플래그를 던져 반칙을 선언
- 반칙 후 위치 조정 및 페널티 적용

부정한 출발(False Start) · 부정한 절차(Illegal Procedure) 판정 〈S19〉

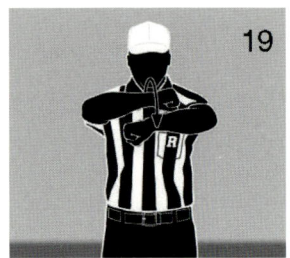

부정한 출발(False Start)와 부정한 절차(Illegal Procedure)는 공격팀이 스냅 전에 규정을 위반하여 움직일 때 발생하는 반칙이다.
이러한 반칙이 선언되면 플레이가 중단되며, 공격팀은 5야드 페널티를 받는다.

부정한 출발(False Start) 판정 기준

부정한 출발은 공격팀이 스냅 전에 규칙을 위반하여 움직이는 경우 발생하는 반칙이다. 심판은 다음 상황을 보면 부정한 출발을 선언할 수 있다.

스냅 전에 공격팀 선수가 갑자기 움직였을 때
센터, 러너, 리시버, 쿼터백이 스냅 전에 갑작스럽게 움직이면 반칙이다.

공격팀 선수가 스냅 전에 앞으로 움직였을 때
공격팀 선수가 스냅 전에 앞으로 향하는 움직임을 보이면 부정한 출발이다.
플래그풋볼에서 공격라인에 서 있는 선수는 스냅 전에 움직이면 안 된다.
예 스냅 전에 몸을 들썩이거나, 몸을 움직여 상대를 혼란스럽게 하는 경우

부정한 절차(Illegal Procedure) 판정 기준

부정한 절차(Illegal Procedure)는 공격팀의 잘못된 스냅, 포메이션 또는 움직임과 관련된 반칙이다.

공격팀이 스냅 전에 완전히 정렬되지 않았을 때(Illegal Shift, Illegal Motion)
- 스냅 전에 모든 공격팀 선수가 1초 이상 정지 상태를 유지해야 함.
- 만약 두 명 이상의 선수가 동시에 움직이고 스냅 전에 정지하지 않으면 부정한 절차가 선언됨.

스냅이 잘못 진행되었을 때(Bad Snap)
센터가 공을 제대로 스냅 하지 못하고 공을 들었다가 다시 바닥에 놓고, 스냅 된 경우

부정한 출발·부정한 절차 판정 절차

반칙 발생 여부 확인
- 공격팀이 스냅 전에 움직였는지 확인
- 플레이가 시작되기 전(스냅 이전)에 반칙이 발생하면 즉시 플레이를 중단
- 모든 공격 선수가 1초 이상 정지했는지 체크

부정한 출발·부정한 절차 선언
- 심판은 즉시 휘슬을 불어 플레이를 중단하고 반칙을 선언
- 부정한 출발의 경우 두 손을 주먹 쥐고 가슴 앞에서 회전하는 시그널
- 반칙을 저지른 팀에게 5야드 페널티를 적용 〈DB〉

경기 재개
반칙 적용 후, 기존 다운을 유지한 상태에서 5야드 후퇴한 위치에서 다시 플레이 진행
예 2nd 다운 & 10야드 → 부정한 출발 발생 → 2nd 다운 & 15야드로 변경

부정한 출발·부정한 절차가 아닌 경우

스냅 전에 움직였지만, 다시 원래 위치로 돌아왔으면
공격 선수가 움직였으나, 스냅 전에 정지하고 원래 위치로 돌아왔다면 반칙이 아님.

스냅 후 발생한 움직임은 반칙이 아님

스냅이 이루어진 후 공격팀이 움직이는 것은 합법적인 플레이

심판의 주요 역할 및 시그널

- 부정한 출발 선언
- 두 손을 주먹 쥐고 가슴 앞에서 회전하는 시그널
- 반칙 적용은 5야드 페널티 적용 후 동일한 다운 유지

딜레이 오브 게임(Delay of Game) 〈S21〉

딜레이 오브 게임(Delay of Game)은 공격팀이 주어진 시간 안에 플레이를 시작하지 못했을 때 발생하는 반칙이다.
이 반칙이 선언되면 공격팀은 5야드 페널티를 받으며, 같은 다운에서 다시 플레이를 진행한다.

딜레이 오브 게임 판정 기준

플레이 시간(Play Clock) 초과

공격팀이 심판의 '경기 준비 시그널(Ready for Play)' 후 정해진 시간(25초) 내에 스냅을 하지 않으면 딜레이 오브 게임 반칙이 적용된다.

페널티 후 경기 재개 지연

반칙이 선언된 후, 심판이 '경기 준비 시그널'을 보낸 뒤에도 공격팀이 신속하게 준비하지 않으면 딜레이 오브 게임이 선언될 수 있다.

타임아웃 없음 + 지연 시도

타임아웃이 없거나 사용하지 않고 플레이를 고의로 지연하면 반칙이 적용된다.

> 예 쿼터백이 하프타임이 가까워질 때 고의로 시간을 끌다가 플레이 시간을 초과하면 딜레이 오브 게임 적용

딜레이 오브 게임 판정 절차

플레이 시간 확인
심판은 공격팀이 플레이 시간 시간을 초과했는지 확인해야 한다.
플레이 시간이 0이 되면 즉시 휘슬을 불어 플레이를 중단한다.

반칙 선언
심판은 양팔을 가슴 위치에서 팔짱을 낀 시그널(Delay of Game Signal)를 보낸다.
공격팀에게 5야드 페널티를 적용
기존 다운을 유지한 상태에서 공격팀이 다시 플레이를 진행한다.

경기 재개
페널티가 적용된 후, 심판이 공격팀이 신속하게 준비할 수 있도록 시그널(Ready for Play)를 다시 보낸다.
공격팀은 새로운 플레이 시간 내에 스냅 해야 한다.

딜레이 오브 게임이 아닌 경우

공격팀이 플레이 시간 만료 전 스냅을 진행하였으면
플레이 시간이 0이 되기 전에 공이 스냅 되었다면 반칙이 아니다.

수비팀이 반칙으로 인해 경기 진행이 지연되었으면
딜레이 오브 게임 반칙은 공격팀에게만 적용되며, 수비팀의 행동으로 인해 플레이가 지연되면 딜레이 오브 게임이 선언되지 않는다.

심판이 경기 상황을 조정하는 과정에서 지연되었으면
심판이 경기 진행을 조정하는 과정에서 시간이 초과하였을 때 반칙이 선언되지 않는다.
예 공 위치 조정, 장비 점검

심판의 주요 역할 및 시그널

- 딜레이 오브 게임 선언
- 플레이 시간 확인
- 페널티 적용
- 경기 재개

부정한 참가(Illegal Participation) 〈S22〉

판정 기준

필드 내 선수 초과
플래그풋볼은 5인제로 운영된다.
경기 중 한 팀이 허용된 인원보다 많은 선수가 필드에 있으면 반칙이 선언된다.

필드 밖에서 플레이 개입
- 벤치에 있던 선수가 허가 없이 필드에 들어와 플레이에 관여하는 경우
- 필드 밖으로 나간 선수가 다시 들어와 공을 잡거나 플래그 제거를 시도하는 경우
- 필드 밖으로 나갔다가 다시 들어와 정상적인 플레이어처럼 행동하는 경우

의도적인 부정행위
- 부적절한 방법으로 플레이를 유리하게 변경하는 행위
  (예 일부러 벤치에서 들어와 공격 또는 수비에 개입)
- 페널티 10야드 페널티 다운 유지
- 공격팀 또는 수비팀에 유리한 방향으로 이동

부정한 선수 교체(Illegal Substitution)

적절한 교체 절차를 따르지 않았을 때
- 교체되는 선수가 필드를 완전히 벗어나기 전에 새로운 선수가 들어온 경우
- 교체 과정에서 필드에 일시적으로 허용된 인원보다 많은 선수가 존재하는 경우

교체위반/경기지연(Substitution Infraction/Delay of Game)
- 교체 과정에서 고의로 시간을 끌어 경기 진행을 방해하는 경우
- 교체가 너무 늦어 플레이 시간(Play Clock) 종료를 유발하는 경우
- 5야드 페널티 〈SL〉 때에 따라 지연 행위(Delay of Game)로 추가 페널티 적용 가능

심판 판정 방법

부정한 참가 판정
- 경기 중 플레이어 수를 확인하여 초과 여부 판단
- 필드 밖으로 나갔다가 다시 들어온 선수가 플레이에 관여하는지 확인
- 벤치에서 플레이에 개입하는 선수가 있는지 확인
- 플래그를 던져 반칙을 선언하고, 해당팀에 페널티 적용 및 위치 조정

스포츠맨답지 않은 행위(Unsportsmanlike Conduct) 〈S27〉

판정 기준

상대를 조롱하거나 도발하는 경우(Taunting or Excessive Celebration)
- 상대 선수를 향해 조롱하는 제스처, 언어, 행동을 하는 경우
- 터치다운이나 중요한 플레이 이후 지나친 세리머니(Excessive Celebration)를 하여 상대를 도발하는 경우
- 상대를 향해 손짓, 말, 표정으로 비하하거나 도발하는 행동

욕설 또는 불쾌한 언어 사용(Abusive or Profane Language)
- 경기 중 상대를 향해 모욕적인 언어 또는 욕설을 사용하는 경우
- 심판 또는 경기 관계자에게 모욕적인 언어를 사용하면 즉시 반칙 적용

고의적인 반칙 또는 위험한 행동(Intentional or Dangerous Acts)
- 경기 중 고의로 상대를 밀거나 잡아당기는 등의 위험한 행위
- 수비수가 플래그 제거 대신 신체적으로 충돌을 시도하는 경우

심판의 권위를 무시하거나 항의하는 경우(Arguing with Officials)
- 심판의 판정에 대해 과도하게 항의하거나 반복적으로 논쟁하는 경우
- 심판에게 고의로 적대적인 행동을 보이거나 신체적으로 위협하는 경우

상대 선수 또는 팀을 조롱하는 행동(Mocking or Disrespecting Opponents)
상대 팀을 의도적으로 조롱하거나 불필요한 감정적인 행동을 하는 경우

예 상대 선수를 손가락으로 가리키며 조롱하는 제스처

경기 진행을 방해하는 행동(Interfering with the Game Flow)
경기 진행을 고의로 지연시키거나 방해하는 행위
예 심판의 시그널 후 고의로 플레이를 지연하는 행동.

스포츠맨답지 않은 행위의 판정 절차

반칙 여부 판단
- 선수가 상대 또는 심판을 모욕하거나 도발하는 언행을 했는지 판단
- 위험한 플레이, 불필요한 신체 접촉, 지나친 세리머니가 있었는지 확인

반칙 선언 및 페널티 적용
- 심판은 플래그(Flag)를 던지고, 양손을 어깨너비로 벌려 손바닥을 바깥쪽으로 향하게 하는 시그널(Unsportsmanlike Conduct Signal)를 보냄.
- 10야드 페널티 적용 〈DB〉
- 반칙이 심한 경우, 선수 퇴장(Ejection) 또는 추가 징계가 적용될 수 있음.

경기 진행
심판은 해당팀에게 스포츠맨답지 않은 행위로 인해 페널티가 적용되었음을 알리고, 경기 진행을 원활하게 유지해야 함.

스포츠맨답지 않은 행위가 반칙이 아닌 경우(No Penalty)

선수가 감정 표현을 하지만 상대를 조롱하지 않는 경우
선수들이 자연스럽게 환호하는 수준의 세리머니는 허용됨.

심판의 판정에 대해 정당하게 질문하는 경우
팀 관계자나 선수가 예의를 갖추어 심판에게 판정을 문의하는 그것은 반칙이 아님. 단, 반복적이거나 공격적인 태도는 반칙이 될 수 있음.

우연한 접촉 또는 자연스러운 플레이 과정
공격적 의도가 없는 가벼운 신체 접촉은 반칙이 아님.
예 선수 간의 정상적인 플레이에서 발생한 접촉

심판의 주요 역할 및 시그널

- 스포츠맨답지 않은 행위 반칙 선언
- 선수의 행동 확인하고 반칙 발생 시 10야드 페널티 적용 후 같은 다운 유지 〈DB〉
- 심한 경우 선수 퇴장 고의적 위험한 행동
- 지속해 스포츠맨답지 않은 행위가 반복되면 퇴장 조치 가능

패스 인터페어런스(Pass Interference) 〈S33〉

패스 인터페어런스(Pass Interference)는 패스가 진행 중일 때 수비 또는 공격 선수가 상대 선수의 정당한 패스 캐치 기회를 방해하는 반칙이다.

이 반칙이 선언되면, 페널티가 적용되어 공격팀 또는 수비팀에게 유리한 위치에서 플레이가 다시 시작된다.

패스 인터페어런스 판정 기준

수비 패스 인터페어런스(Defensive Pass Interference, DPI)
수비팀이 패스를 방어하는 과정에서 공격 선수를 부정한 방법으로 방해하면 반칙 적용

다음과 같은 경우 DPI가 선언된다.
- 패스된 볼이 공중에 있는 동안 수비수가 공격 선수를 신체적으로 밀거나 잡아당긴 경우
- 수비수가 손이나 팔을 사용하여 공격 선수의 팔을 잡거나 움직임을 방해한 경우
- 수비수가 공격 선수를 넘어뜨리거나 부딪혀 패스를 받을 수 없도록 한 경우
- DPI 페널티 적용
  - 패스 인터페어런스가 발생한 지점에서 자동으로 퍼스트다운(First Down) 적용
  - 자동 퍼스트다운(AFD, Automatic First Down) 〈BS〉

공격 패스 인터페어런스(Offensive Pass Interference, OPI)
공격팀 선수가 패스를 받기 위해 수비 선수를 부정한 방법으로 밀거나 방해하면 반칙이 적용

다음과 같은 경우 OPI가 선언된다.
- 공격 선수가 수비수를 밀거나 당겨 공간을 만들려고 할 때
- 공격 선수가 수비수의 팔을 잡아 움직임을 방해할 때
- 패스 진행 중 고의로 수비수를 넘어뜨려 패스를 받을 기회를 만든 경우
- OPI 페널티 적용은 공격팀에게 10야드 페널티 적용 후(LOD) 〈BS〉

패스 인터페어런스 판정 절차

패스 진행 중인지 확인
공이 이미 쿼터백의 손을 떠나 공중에 떠 있는 상태인지 확인해야 한다.
패스가 진행되지 않은 상황에서는 패스 인터페어런스 반칙이 적용되지 않는다.

선수 간의 접촉 확인
- 신체적 접촉이 있었는지 확인
- 자연스러운 움직임 속에서 발생한 가벼운 접촉은 반칙이 아님.
- 명백하게 상대 선수의 패스 캐치 기회를 방해했는지 판단

반칙 여부 판단
- 수비수가 공격 선수를 방해했는지?(DPI)
- 공격 선수가 수비수를 밀었거나 당겼는지?(OPI)
- 볼을 캐치 전에 부정한 접촉이 있었는지?

반칙 선언 및 페널티 적용
- 심판은 패스 인터페어런스가 발생한 순간 플래그(Flag)를 던짐.
- 반칙이 수비팀에 의해 발생했으면 패스가 발생한 지점에서 자동 퍼스트다운(AFD, Automatic First Down) (DPI)
- 반칙이 공격팀에 의해 발생했으면 10야드 후퇴 후, LOD 다운 상실(OPI) 〈BS〉

패스 인터페어런스가 아닌 경우(No Pass Interference)

양쪽 선수 간의 자연스러운 신체 접촉
- 양 선수가 공을 향해 정상적으로 움직이며 약간의 신체 접촉이 있었다면 반칙이 아님.
- 심판은 명확한 신체적 방해 또는 부정한 접촉 여부를 판단해야 함.

패스가 너무 멀리 떨어졌거나 캐치가 불가능한 경우
- 패스가 명백하게 캐치 불가능한 위치로 던져졌을 경우
- 방해 행위가 있어도 패스 인터페어런스 반칙이 선언되지 않음.

수비수가 공을 향해 정상적으로 플레이하였을 때
수비수가 공을 향해 정당하게 손을 뻗거나 점프하여 공을 막으려 했다면 DPI가 적용되지 않음.

심판의 주요 역할 및 시그널

패스 인터페어런스 선언
- 양팔을 앞으로 뻗은 후 손바닥으로 미는 시그널
- 공이 공중에 떠 있는 동안 반칙이 발생했는지 체크
- 반칙 적용 후 DPI는 공이 떨어진 위치에서 자동 퍼스트다운(AFD, Automatic First Down)
- OPI는 10야드 후퇴 후(LOD)

부정한 패스(Illegal Forward) 〈S35〉

부정한 포워드 패스(Illegal Pass)는 공격팀이 패스를 던지는 과정에서 규정을 위반하였으면 발생하는 반칙이다.
플래그풋볼에서는 부정한 포워드 패스(Illegal Forward Pass)와 부정한 후방 패스(Illegal Backward Pass)가 있다.
각각의 상황에 따라 다른 페널티가 적용된다.

부정한 포워드 패스(Illegal Forward Pass) 판정 기준

LOS(스냅 라인)를 넘어서 패스를 던졌을 때
쿼터백이 라인 오브 스크러미지(LOS, Line of Scrimmage) 넘어선 상태에서 전진 패스를 던지면 부정한 패스이다.

같은 플레이에서 두 번의 전진 패스를 던진 경우

플래그풋볼에서는 한 플레이당 단, 한 번의 전진 패스만 허용된다.
한 번 전진 패스를 시도한 후 다시 전진 패스를 던지면 반칙이다.
부정한 포워드 패스(Illegal Forward Pass) 반칙 발생 이전 스냅 지점에서 5야드 페널티 적용 후 다운의 상실 LOD 진행

부정한 포워드 패스(Illegal Forward Pass) 판정 절차

패스의 방향 및 위치 확인
- 패스가 던져진 위치가 라인 오브 스크리미지(LOS) 앞인지 뒤인지 확인
- 또한, 후방 패스인지, 전진 패스인지 확인 후 규칙 위반 여부 판단

반칙 여부 확인
- 전진 패스를 두 번 던졌는지?
- 쿼터백이 LOS를 넘어 패스했는지?

반칙 선언 및 페널티 적용
- 심판은 반칙이 발생한 즉시 플래그(Flag)를 던지고, 해당 반칙 시그널을 보냄.
- 반칙이 적용되면 5야드 페널티 후 LOD 다운 진행 〈SF〉

부정한 포워드 패스(Illegal Forward Pass)가 아닌 경우(No Penalty)

쿼터백이 LOS를 넘지 않은 상태에서 전진 패스를 던졌을 때
쿼터백이 LOS 근처에서 전진 패스를 던졌으나, 완전히 넘지 않았다면 반칙이 아님.

후방 패스가 정상적으로 필드 안에서 진행되었을 때
후방 패스가 땅에 떨어지지 않고, 다른 선수가 정상적으로 잡았다면 반칙이 아님.

패스가 던져지기 전에 수비 반칙이 발생하였을 때
수비수가 공격 선수를 잡거나(Defensive Holding) 플레이를 방해했다면 패스 반칙보다 먼저 행한 수비 반칙이 우선 적용됨.

심판의 주요 역할 및 시그널

- 부정한 포워드 패스(Illegal Forward Pass) 선언
- 부정한 후방 패스(Illegal Backward Pass) 선언
- 반칙 적용, 공의 위치 확인

부정한 접촉(Illegal Contact) ⟨S38⟩

부정한 접촉(Illegal Contact)은 플래그풋볼에서 선수 간의 부적절한 신체 접촉이 발생했을 때 선언되는 반칙이다.
플래그풋볼은 비접촉(non-contact) 스포츠로 간주하기 때문에, 불필요한 신체 접촉은 대부분 반칙으로 적용된다.

부정한 접촉(Illegal Contact) 판정 기준

블로킹 또는 핸드체킹(Illegal Blocking or Hand Checking)
- 공격 또는 수비 선수가 상대방을 손, 팔, 몸을 써 밀거나 방해할 경우
- 손을 사용하여 상대의 진행을 막거나 밀어내려는 움직임이 있으면 반칙

태클 또는 밀기(Tackling or Pushing)
- 플래그풋볼에서는 상대를 태클하는 것이 엄격히 금지된다.
- 손 또는 몸을 써 상대 선수를 밀어 넘어뜨리면 부정한 접촉 반칙
- 예 플래그를 제거하려고 하다가 상대를 밀쳐 넘어뜨리는 경우

강한 충돌(Charging or Unnecessary Roughness)
- 상대 선수를 향해 의도적으로 몸을 부딪치거나, 강하게 충돌하는 행위
- 공격 또는 수비 선수가 상대를 피하지 않고 정면으로 충돌하면 반칙

리시버에 대한 부정한 접촉(Illegal Contact on Receiver)
- 수비수가 리시버의 움직임을 방해하기 위해 손, 팔, 몸을 쓰면 반칙

- 패스가 오기 전에 리시버를 밀거나 잡으면 부정한 접촉

러닝백 또는 쿼터백에 대한 접촉(Contact with Ball Carrier or Quarterback)
- 공을 가진 선수를 몸으로 막거나, 잡거나, 밀면 반칙
- 쿼터백이 패스를 던질 때 수비수가 손을 사용해 신체 접촉하면 반칙 적용

부정한 접촉(Illegal Contact) 판정 절차

선수 간의 신체 접촉 확인
- 플레이 중 공격 또는 수비 선수가 상대에게 불필요하게 접촉했는지 판단
- 접촉이 우연한 것인지, 고의적인 것인지 확인

반칙 여부 결정
- 가벼운 접촉은 반칙이 아닐 수 있으나, 상대의 진행을 방해하거나 위험한 경우 부정한 접촉으로 선언
- 플레이의 진행에 영향을 미쳤는지 판단

반칙 선언 및 페널티 적용
- 심판은 플래그(Flag)를 던지고, 주먹을 쥐고 양손을 가슴 앞에서 X자 모양으로 위에서 아래로 내려찍는 동작 시그널
- 10야드 페널티 후 LOD 다운 상실 〈BS〉
- 수비팀 반칙은 10야드 페널티 후 자동 퍼스트다운(AFD, Automatic First Down) 〈BS〉

부정한 접촉(Illegal Contact)이 아닌 경우(No Illegal Contact)

가벼운 접촉이나 우연한 충돌
경기 중 선수 간 가벼운 신체 접촉이 발생했으나, 플레이에 영향을 미치지 않았으면 반칙이 아님.

플래그 제거 과정에서의 접촉
수비수가 정상적인 플래그 제거를 시도하는 과정에서 자연스럽게 손이나 팔이 닿는 경우 반칙이 아님.

심판의 주요 역할 및 시그널

- 부정한 접촉 선언, 접촉의 고의성 판단, 페널티 적용
- 공격팀 반칙은 10야드 페널티 후 〈LOD〉
- 수비팀 반칙은 10야드 페널티 자동 퍼스트다운(AFD, Automatic First Down)

쉴딩(Shielding) 〈S43〉

쉴딩(Shielding)은 공을 가진 선수가 플래그를 제거당하지 않기 위해 비정상적으로 몸을 이용해 보호하는 행위이다.
플래그풋볼에서는 공격 선수가 자신의 플래그를 가리거나 방어하는 것이 금지되며, 이를 위반하면 반칙이 선언된다.

쉴딩(Shielding) 판정 기준

점프하거나 앞으로 몸을 숙여 플래그 제거를 피하는 경우

공을 가진 선수가 허리를 숙이거나 점프하여 수비수가 플래그를 제거하기 어렵게 만들면 반칙

예 상대가 태그하려 할 때 몸을 과도하게 숙이거나 점프하여 피하는 경우

수비수의 손을 쳐내거나 접촉하여 플래그 제거를 방해하는 경우

플래그를 제거하려는 수비수의 손을 밀거나 쳐내는 행위는 쉴딩 반칙

예 수비수가 플래그를 잡으려 할 때 손을 쳐내는 행동

쉴딩(Shielding) 판정 절차

수비수와 공을 가진 선수의 동작 확인

- 공을 가진 선수가 플래그를 보호하는 동작을 했는지 판단
- 수비수가 정당하게 플래그 제거를 시도했는지 확인

반칙 여부 결정
- 손이나 팔을 사용하여 플래그를 보호했는가?
- 몸을 의도적으로 앞으로 숙여 플래그 제거를 방해했는가?
- 수비수의 손을 쳐내거나 접촉을 유도했는가?

반칙 선언 및 페널티 적용
- 심판은 플래그(Flag)를 던지고, 한 손바닥을 앞으로 내밀고 다른 손으로 손목을 잡는 시그널(Blocking or Shielding Signal)를 보냄.
- 반칙이 발생한 지점에서 5야드 페널티 적용 후 같은 다운 진행 ⟨BS⟩

쉴딩 반칙이 아닌 경우(No Shielding Penalty)

공을 가진 선수가 자연스럽게 뛰거나 방향을 바꾸었을 때
플래그를 가리려는 의도가 없고, 단순히 자연스럽게 이동하는 경우 반칙이 아님.

수비수가 플래그 제거 시도 없이 몸을 부딪쳤을 때
수비수가 플래그 제거 시도하지 않고, 공격 선수에게 충돌을 유도하면 반칙이 아님.

공격 선수가 플래그를 보호하려는 의도가 없이 뛰었을 경우
단순히 스텝을 변경하거나 팔의 자연스러운 움직임이라면 반칙이 적용되지 않음.

심판의 주요 역할 및 시그널

- 쉴딩 반칙 선언
- 공을 가진 선수의 움직임 확인
- 수비수의 정당한 플래그 제거 확인

퇴장(Disqualification) ⟨S47⟩

플래그풋볼에서 퇴장(Disqualification) 판정은 선수의 심각한 반칙이나 스포츠맨답지 않은 행위로 인해 해당 경기에 더 이상 참여할 수 없도록 하는 결정이다.
퇴장은 보통 아래의 경우에 적용된다.

퇴장 판정이 내려지는 주요 상황

심각한 반칙(Flagrant Fouls)
상대 선수에게 의도적인 신체 접촉 또는 위험한 플레이를 가했을 경우

폭력적 행동(Fighting)
- 상대 선수 또는 심판에게 폭력을 행사하거나 주먹을 휘두르는 경우
- 신체적 접촉이 없더라도 위협적인 몸짓이나 행동을 한 경우

반복적으로 스포츠맨답지 않은 행위(Unsportsmanlike Conduct)
- 욕설, 도발적인 언행, 상대를 조롱하는 행위
- 심판의 권위를 무시하거나 과격한 항의

고의적인 반칙(Intentional Fouls)
- 승부를 조작하거나 경기를 방해할 목적으로 반칙을 반복적으로 저지를 경우
- 상대팀에게 심각한 피해를 주기 위한 의도적인 반칙

심판과의 대립(Abusive Conduct Toward Officials)
- 심판에게 욕설하거나 모욕적인 행동을 보이는 경우
- 판정에 대해 지나치게 격렬하게 항의하거나 신체적 위협을 가하는 경우

퇴장 판정 후 조치

- 해당 선수는 즉시 필드를 떠나야 한다.
- 벤치에서도 경기를 계속 볼 수 없을 수도 있다.
- 일부 리그에서는 퇴장당한 선수에게 다음 경기에도 출전 정지를 시킬 수도 있다.
- 심판의 판정은 최종이며, 항의가 받아들여지지 않을 가능성이 높음.

퇴장과 관련된 주요 규정

- 플래그풋볼 리그에서는 한 경기에서 두 번의 스포츠맨답지 않은 행위(Unsportsmanlike Conduct Penalty)를 받으면 자동으로 퇴장됨.

- 개인의 심각한 반칙이 발생하면 한 번의 반칙만으로도 퇴장이 가능함.
- 퇴장 판정을 받은 선수는 해당 경기뿐만 아니라 이후 경기에도 영향을 받을 수 있음.

점핑(Jumping) · 다이빙(Diving) 〈S51〉

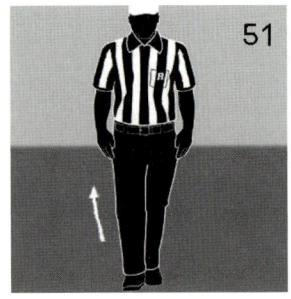

점핑(Jumping)과 다이빙(Diving)은 플래그풋볼에서 플래그 제거를 피하거나, 플레이 중 위험한 동작을 유발할 수 있는 반칙이다.

플래그풋볼은 비접촉(non-contact) 스포츠이기 때문에, 점핑 및 다이빙과 같은 플레이는 엄격히 제한되며 반칙이 선언될 수 있다.

점핑(Jumping) 판정 기준

공을 가진 선수가 플래그 제거를 피하고자 점프하는 경우

공을 가진 선수가 수비수를 피하려고 점프하는 동작을 하면 반칙

공을 가진 선수가 점프하여 플래그 제거를 어렵게 만드는 경우

점프하여 방향을 변경하면서 수비수가 정상적으로 플래그를 제거하지 못하도록 하는 행위

수비수가 공을 가진 선수를 잡기 위해 점프하는 경우

- 수비수가 플래그를 제거하려고 몸을 공중으로 날려 점프하면서 플레이어를 잡거나 접촉하려 하면 반칙
- 발생 지점에서 5야드 후퇴 후 LOD 다운 〈SF〉 진행

다이빙(Diving) 판정 기준

공을 가진 선수가 더 많은 야드를 얻기 위해 다이빙하는 경우

공을 가진 선수가 플래그 제거를 피하고자 다이빙(dive)하면 반칙

예 엔드존 근처에서 태그를 피하려고 몸을 날려 터치다운을 시도하는 경우

수비수가 플래그를 제거하기 위해 몸을 날리는 경우
- 수비수가 상대의 플래그를 제거하기 위해 몸을 날리는 행동은 위험한 플레이로 간주하여 반칙이 선언될 수 있음.
- 반칙 발생 지점에서 5야드 후퇴 후 LOD 다운 〈SF〉 진행

점핑 · 다이빙 반칙 판정 절차

플레이어의 동작 확인
공격 또는 수비 선수가 플래그 제거를 피하거나, 상대를 태그하기 위해 점프, 다이빙을 했는지 판단

반칙 여부 결정
- 점프나 다이빙이 플레이의 흐름을 바꾸거나 수비를 방해했는가?
- 공을 가진 선수가 더 많은 야드를 얻기 위해 다이빙했는가?
- 수비수가 상대의 플래그를 제거하려고 몸을 날렸는가?

반칙 선언 및 페널티 적용
- 심판은 플래그(Flag)을 던지고, 한 발을 위로 들어 점핑 또는 다이빙 시그널을 보냄.
- 반칙이 발생한 지점에서 5야드 후퇴 LOD 다운 〈SF〉 진행

점핑 · 다이빙 반칙이 아닌 경우(No Penalty)

공격 선수가 자연스럽게 스텝을 밟으며 점프한 경우
러닝 중 자연스럽게 발을 떼고 뛰는 동작은 반칙이 아님.

수비수가 정상적으로 플래그 제거를 시도하였을 때
다이빙 없이 정상적인 방식으로 플래그 제거를 시도했다면 반칙 아님.

점프 또는 다이빙이 플레이에 영향을 미치지 않았을 때
점프나 다이빙이 있었지만, 상대 선수의 움직임에 영향을 주지 않았다면 반칙 선언 안 함.

심판의 주요 역할 및 시그널

- 점핑 반칙 선언
- 다이빙 반칙 선언
- 플레이어의 동작 확인
- 페널티 적용

플래그 가딩(Flag Guarding) 〈S52〉

플래그 가딩(Flag Guarding)은 공격 선수가 플래그 제거를 방해하기 위해 손, 팔, 공, 몸을 사용하는 반칙이다.
플래그풋볼은 플래그 태깅(tagging) 방식으로 태클을 대체하기 때문에, 플래그 제거를 어렵게 만드는 행위는 반칙으로 간주한다.

플래그 가딩(Flag Guarding) 판정 기준

손이나 팔을 사용하여 플래그를 보호하는 경우

공을 가진 선수가 손이나 팔을 허리 또는 플래그 위치 근처에 두고 수비수가 플래그를 뽑는 것을 방해하면 반칙
예 수비수가 태그를 시도할 때 손으로 플래그를 감싸거나 밀어내는 행동

공을 이용해 플래그를 가리는 경우

러닝백이나 쿼터백이 공을 플래그 위치 앞에 놓아 플래그 제거를 방해하는 경우
예 공을 낮게 들고 허리 쪽에 위치시켜 플래그가 보이지 않도록 하는 행동

몸을 웅크려 플래그를 숨기는 경우

공을 가진 선수가 몸을 웅크려 수비수에게 닿지 않도록 하는 경우
예 플래그를 가리려고 일부러 숙여서 움직이는 행동

손을 휘두르거나 수비수를 밀쳐내는 경우

공을 가진 선수가 수비수의 손을 쳐내거나 밀쳐 플래그 제거를 방해하는 행위

예 수비수가 플래그를 잡으려 할 때 공격 선수가 손을 흔들거나 팔을 뻗어 방해하는 행동

플래그 가딩(Flag Guarding) 판정 절차

수비수의 플래그 제거 시도 확인
- 수비수가 정상적으로 플래그를 제거하려 했는지 확인
- 공격 선수가 손, 팔, 몸, 공을 이용해 플래그 제거를 방해했는지 판단

반칙 여부 결정
- 공격 선수가 플래그를 의도적으로 보호했는가?
- 플래그 제거를 방해하는 행동이 플레이에 영향을 미쳤는가?

반칙 선언 및 페널티 적용
- 심판은 플래그(Flag)를 던지고, 한 손을 허리 옆으로 움직이며 팔을 흔드는 동작을 하는 시그널(Flag Guarding Signal)를 보냄.
- 반칙이 선언되면 반칙 발생 지점에서 5야드 후퇴 후 LOD 다운 〈SF〉 진행

플래그 가딩 반칙이 아닌 경우(No Penalty)

플래그를 보호하려는 의도 없이 팔을 움직였을 때
자연스럽게 팔을 흔드는 동작이었고, 플래그를 보호하려는 의도가 없었다면 반칙이 아님.

플래그 제거 시도 없이 수비수가 밀려났을 때
수비수가 플래그를 잡으려 하지 않고 충돌하거나 밀려났다면 반칙이 적용되지 않음.

공격 선수가 자연스럽게 방향을 바꾸는 경우
러닝 중 자연스럽게 방향을 전환했을 뿐, 플래그 세거를 방해할 의도가 없었다면 반칙이 아님.

심판의 주요 역할 및 시그널

- 플래그 가딩 반칙 선언
- 공격 선수의 움직임 확인
- 페널티 적용

심판의 표준 장비와 복장

심판들은 경기 중 다음과 같은 표준 장비와 복장을 착용한다.
- 셔츠 : 검은색 칼라와 흰색과 검은색의 2인치 세로줄 무늬 셔츠를 착용한다.
- 바지 : 검은색 바지를 착용하며, 모든 심판이 동의하면 검은색 반바지도 허용된다.
- 모자 : 주심(Referee)은 흰색 모자를, 다른 심판들은 흰색 테두리가 있는 검은색 모자를 착용한다.
- 벨트 : 약 1.5인치 너비의 검은색 벨트를 사용한다.
- 신발 : 검은색 또는 대부분이 검은색인 신발을 착용한다.
- 기타 : 휘슬, 페널티 플래그, 빈 백, 다운 인디케이터, 경기 데이터 카드 등

플래그풋볼 심판 시그널

필자의 터치다운 시그널 모습

필자 주심(흰 모자) 부심 3명

Loss of Down, LOD 시그널 모습

다운 심판(Down Judge, DJ) 역할

"A referee doesn't make the rules, he enforces them."
심판은 규칙을 만드는 사람이 아니라, 규칙을 집행하는 사람이다.

"Fairness is not an option, it is a requirement."
공정함은 선택이 아니라 필수다.

💡 플래그풋볼의 역사

플래그풋볼의 도입과 보급, 1998~2000년

대한민국 플래그풋볼의 역사는 1998년부터 본격적으로 시작되었다.

같은 해 8월, 일본 도쿄에서 열린 NFL 플래그풋볼 도입 미팅에서 대한미식축구협회 박경규 부회장이 NFL 측과 한국 도입 가능성을 논의했으며, 1999년에는 NFL 관계자 다니엘 마오가 한국을 방문해 현장을 조사하고 서울, 대구, 부산 등지에서 클리닉이 열리며 보급이 본격화되었다.

이후 2000년 8월, 캐나다 토론토에서 열린 제1회 NFL 유스 플래그풋볼 대회에 한국 대표팀이 참가해 3위를 차지하며 국제 무대에서도 가능성을 인정받았다.

NFL 유소년 대회 참가, 2000~2007년

2000년대 초반부터 대한민국은 NFL이 주최하는 유소년 플래그풋볼 국제대회에 꾸준히 참가하며 경험을 쌓고 실력을 키워갔다. 아래는 연도별 주요 참가 성적과 지도진이다.

연도	개최국	성적	학교	감독	코치
2000	캐나다 토론토	3위	대구북중	박경규	박재식·김동수
2001	독일 베를린	6위	군포 수리중	이남구	박재식
2002	멕시코	4위	대구 와룡중	정지형	박재식
2003	일본 도쿄	2위	대구 와룡중	정지형	박재식
2004	캐나다	10위	군포 군포중	정일환	박재식
2005	중국 베이징	9위	대구 경일중	박재식	박경규
2006	독일	8위	군포 수리중	이남구	박재식
2007	미국	10위	대구 성서중	박재식	허진아

2003년 일본 도쿄 대회에서 거둔 준우승은 한국 플래그풋볼 역사에 길이 남을 성과로 평가되며, 이후 유소년 및 국내 플래그풋볼 발전에 큰 자극이 되었다.

아시아 · 오세아니아 플래그풋볼 대회 참가, 2015~현재

2015년 이후, 대한민국은 아시아 지역 플래그풋볼 발전의 중심축으로 자리매김하며 아시아 선수권 대회에 꾸준히 참가해 왔다.

다음과 같은 주요 성과를 거두었다.

회차	연도	개최국	성적	참가팀 (남/여)	감독	비고
제1회	2015	베트남	3위	소양마운틴즈 (남)	박경배	첫 참가, 의미 있는 성과
제2회	2017	필리핀	3위	범팀 (남)	박재식	꾸준한 경쟁력 확인
제3회	2018	대한민국		이우라이거스(4위) 범팀(5위) 소양마운틴즈 (7위)	신경섭 이준연 박경배	클럽대회, 대구에서 개최, 11개국 참가 박재식 대회장
제4회	2023	말레이시아	5위	이우라이거스 (남) 랩터스팀 (여)	박재식 김수민	남녀 대표팀 첫 동반 출전, 의미 있는 진전
제5회	2025	중국		국가대표팀 선발 여자 15명 남자 15명	박재식 정유찬	아시아 · 오세아니아 선수권대회 국가대표팀 선발 팀

IFAF 세계 플래그풋볼 대회 참가, 2004~현재

이 표는 IFAF 주관 세계 대회에 있어 대한민국의 지속적인 성장과 변화를 보여주며, 2024년 핀란드 대회는 남녀 대표팀 동반 출전으로 전환점을 맞이한 중요한 대회로 평가된다.

특히 2025년 미국 대회는 청소년 주니어 남·여 대표팀과 심판, 코치 클리닉을 위해 대규모로 참여한다.

플래그풋볼의 역사

연도	개최국 (도시)	참가 구분	주요 인물	비고
2004	프랑스 (또롱래방)	남자 대표팀	감독 : 박경규 심판 : 박재식	IFAF 대회 첫 참가
2006	대한민국 (대구)	남자 대표팀	감독 : 신경창 연맹 회장 : 박재식	국제대회 국내 유치 아시아 위상 강화
2008	캐나다 (오타와)	남자 대표팀	단장 : 박재식 감독 : 송영호	북미 팀들과의 경쟁을 통해 경험 축적
2010	캐나다 (오타와)	남자 대표팀	단장 : 박경규 감독 : 박재식	전략적 운영 강화 시기
2012	스웨덴 (스톡홀름)	—	—	불참
2014	이탈리아 (로마)	—	—	불참
2016	미국 (바하마)	남자 대표팀	감독 : 박경배	대회 재참가 소양마운틴즈 단일팀
2018	파나마 (파나마시티)	남자 대표팀	심판 : 박재식, 이상목	심판진 참여 국제 룰 이해도 증진
2021	이스라엘 (예루살렘)	남·여 대표팀	감독 : 박재식 (남)	
2024	핀란드 (라티)	남·여 대표팀	총감독 : 박재식 남자 감독 : 박경배 여자감독 : 정재엽	역대 최대 규모 참가 국제 전략 강화 여자 대표팀 첫 참가
2025	미국	U 15 남·여 U 17 남·여	회장 : 유호정 단장 : 신경창	USA 주니어 대회 참가(80명 참가)

올림픽 정식 종목 채택과 미래

2028년 LA 올림픽에서 플래그풋볼이 정식 종목으로 채택되면서, 이 종목은 세계적으로 인정받는 경쟁 스포츠로 자리 잡았다.

대한미식축구협회는 이에 발맞춰 국내 리그 활성화, 유·청소년클럽 리그(i-LEAGUE)·여성 리그 강화, 대표팀 체계 정비 등 체계적인 육성에 힘쓰고 있다.

특히 올림픽을 대비한 국가대표 육성은 핵심 과제로, 국제무대에서 경쟁력 있는 팀을 만드는 데 주력하고 있다.

플래그풋볼 도입부터 국제대회 중심으로 발전 과정

참고 자료

대한미식축구협회. 플래그풋볼 연맹. https://www.kafa.org/

International Federation of American Football. International Federation of American Football official website. https://www.americanfootball.sport/

National Football League. NFL official website. https://www.nfl.com

터치다운 뉴스. 터치다운 뉴스 공식 웹사이트. https://m.tdnews.co.kr/

풋볼 재팬 공식 웹사이트. http://www.footballjapan.org.

오오노에테루아키, 후지와라히사오. (2010). 공 운동을 10배 즐겁게 하는 플래그풋볼 : 1년~6년 실천 사례집. 메이지 도서 출판 주식회사.

히라타 카즈타카. (2011). 모두가 터치다운 하는 플래그풋볼 지도. 카모카도 히로아키. 유한회사 창문 기획.

플래그풋볼
마스터 클래스

초판 1쇄 발행   2025. 5. 30.

지은이   박재식
펴낸이   김병호
펴낸곳   주식회사 바른북스

등록   2019년 4월 3일 제2019-000040호
주소   서울시 성동구 연무장5길 9-16, 301호 (성수동2가, 블루스톤타워)
대표전화   070-7857-9719 | **경영지원**   02-3409-9719 | **팩스**   070-7610-9820

•바른북스는 여러분의 다양한 아이디어와 원고 투고를 설레는 마음으로 기다리고 있습니다.
이메일   barunbooks21@naver.com | **원고투고**   barunbooks21@naver.com
홈페이지   www.barunbooks.com | **공식 블로그**   blog.naver.com/barunbooks7
공식 포스트   post.naver.com/barunbooks7 | **페이스북**   facebook.com/barunbooks7

ⓒ 박재식, 2025
ISBN   979-11-7263-394-3 13690

•파본이나 잘못된 책은 구입하신 곳에서 교환해드립니다.
•이 책은 저작권법에 따라 보호를 받는 저작물이므로 무단전재 및 복제를 금지하며,
 이 책 내용의 전부 및 일부를 이용하려면 반드시 저작권자와 도서출판 바른북스의 서면동의를 받아야 합니다.